Irresistibles

100 años de *it girls* en la moda

Vicente Gallart

Grijalbo

Para mi prima hermana Esther

El papel utilizado para la impresión de este libro ha sido fabricado a partir de madera procedente de bosques y plantaciones gestionados con los más altos estándares ambientales, garantizando una explotación de los recursos sostenible con el medio ambiente y beneficiosa para las personas.

Por este motivo, Greenpeace acredita que este libro cumple los requisitos ambientales y sociales necesarios para ser considerado un libro «amigo de los bosques». El proyecto Libros Amigos de los Bosques promueve la conservación y el uso sostenible de los bosques, en especial de los bosques primarios, los últimos bosques vírgenes del planeta.

Papel certificado por el Forest Stewardship Council®

FSC www.fsc.org MIXTO Papel procedente de fuentes responsables FSC® C117695

Primera edición: noviembre de 2014

Printed in Spain – Impreso en España

Diseño y maquetación: María Pérez
Fotocomposición: Gama, S.L.

ISBN: 978-84-15989-95-0

Depósito legal: B-17427-2014

Impreso en Talleres Gráficos Soler,
Esplugues de Llobregat (Barcelona)

D O 8 9 9 5 0

Sumario

Las pioneras

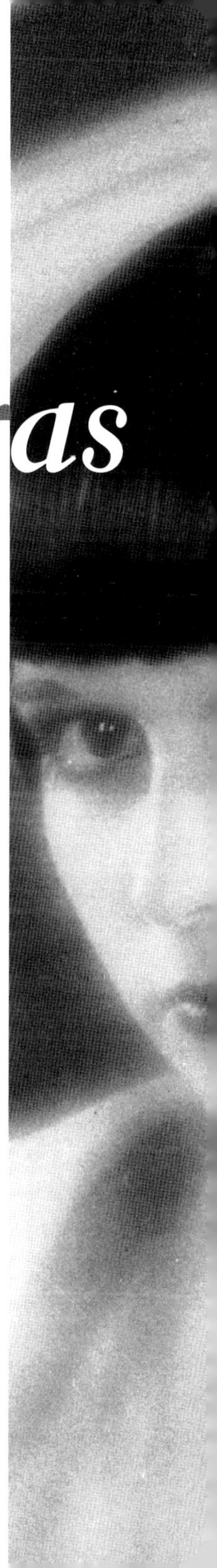

Algo especial. Hay chicas que tienen algo especial. Y es más que probable que ese algo especial no se pueda describir con palabras. Con detalle. Algunos adjetivos pueden acercarse a la esencia de su extraordinaria personalidad y muchos de ellos aparecen en este libro. Pero para explicar con precisión por qué estas chicas son únicas y han conseguido destacar es necesario conocer sus vidas personales. El último siglo, década tras década, ha ido obsequiándonos con su presencia en ámbitos sociales, artísticos, intelectuales, hedonistas y, cómo no, en el ámbito de la moda, un entorno en el que ellas han sido y serán siempre una referencia inevitable, sin tener en cuenta necesariamente la belleza femenina como requisito indispensable.

Sus azarosas y apasionadas existencias han podido tener un final feliz... o no. Es curioso como aquellas chicas elegidas para la gloria estética y mediática cuyas vidas acabaron de un modo trágico son las que han perdurado con mayor intensidad en el subconsciente colectivo. La fatalidad que les marcó ha resultado ser la principal razón que las ha situado más allá de lo que nadie podría haber supuesto en el pasado. Sus nombres forman parte de ese capítulo de la historia de la sociedad occidental dedicado a aquellos que murieron jóvenes, pasando a la posteridad con todo su esplendor intacto. Algunas de ellas se encontraron con el infortunio de repente, sin esperarlo, otras, sin embargo, lo buscaron de un modo premeditado, jugaron con fuego sabiendo que estaban destinadas a formar parte de un melancólico recuerdo y que su destino era

Clara Bow, ¿la primera *it girl*? Seguramente sí. Su encanto, tanto fuera como dentro de la gran pantalla, fue la clave de su triunfo en todo el mundo en los años veinte.

morir de éxito. Así pues, no todo ha sido alegría y diversión lo que ha rodeado y rodea a unas chicas escogidas para convertirse en centro de todas las miradas, a pesar de su incurable timidez o de su miedo a las multitudes.

En el pasado su popularidad se debió a menudo a su pertenencia a acaudaladas familias o a sus matrimonios con hombres célebres. En la actualidad esto no es necesario y se crean a sí mismas, hasta tal punto que la enorme influencia que pueden llegar a ejercer en la moda se escapa incluso de los implacables planes de marketing, algo que las hace infinitamente más interesantes. Pero ¿qué tienen ellas que no tienen las demás? En francés se usaría la palabra *allure* para definirlo. Pero en inglés... el pronombre IT fue y sigue siendo el elegido para estereotipar su atrayente figura. Con él, es decir, con el término "eso" se intenta describir algo intangible, inmaterial, algo que está en el aire y no se ve, pero se siente de una manera vehemente. Desde los locos años veinte, las revistas y periódicos más populares han intentado desgranar todo lo IT sin éxito y han claudicado ante lo insólito de la situación. Las chicas IT o *it girls* son únicas en su especie, y su especie no es catalogable dentro de un determinado ecosistema social, porque tienen la capacidad de saltar de un ámbito a otro y de adaptarse con sorprendente habilidad a todos ellos. Su presencia es siempre bienvenida y su estatus les permite ser una especie de comodín para aquellos que organizan los eventos y fiestas más importantes. En este sentido, las *it girls* se diferencian claramente de las *socialites* (aunque también puedan serlo) porque no están sujetas a tantos protocolos y poseen un margen bastante más amplio en la forma de vestirse y comportarse mientras cumplen con unos compromisos que, uno tras otro, multiplican su aparición en los medios y, por tanto, su fama. ¿Representan entonces cierta libertad ansiada por otras mujeres que carecen de ella? En cierto modo, sí.

Existe una teoría acerca del origen del término *it girl* que, según mi opinión, resulta demasiado evidente. En 1927 la estrella del cine mudo **Clara Bow** protagonizó el film *It*, basado en el libro publicado por la escritora inglesa Elinor Glyn. En él se mostró al gran público por primera vez las cualidades de una chica que, gracias a su belleza e intelecto, conseguía seducir a hombres y mujeres por igual. Ellos caían rendidos de amor ante su figura, ellas quedaban fascinadas por su estilo y, al instante, la imitaban. Así transcurría el guion de la película que, sin duda, convirtió el concepto *it girl* en algo masivo por primera vez. Sin embargo, la propia Glyn no tuvo que investigar demasiado para crear el personaje interpretado por Bow. Su hermana mayor, la diseñadora **Lucy Duff-Gordon**, fue desde principios de siglo esa *it girl* en los círculos de la aristocracia inglesa. Conocida en ellos como Lucile, su asistencia a las fiestas de los salones más exclusivos de Londres, París y Nueva York era siempre garantía de éxito. Como creadora alcanzó gran aceptación por su

La diseñadora Lucy Duff-Gordon fue la inspiración para la novela y el posterior film *It*, probablemente el germen del fenómeno de las *it girls* en la historia.

agudo (y atrevidísimo para la época) sentido de la sensualidad aplicada a la moda en forma de vestidos de inspiración lencera, pero también gracias a su visión comercial de la profesión al ser la primera en organizar desfiles sobre un escenario con luces y música muy teatrales. Poco a poco Lucile se fue haciendo muy popular a ambos lados del Atlántico y en 1917, mientras se aventuraba en el diseño de vestuario para las bailarinas de las *Ziegfeld Follies* de Broadway y para la diva del cine mudo Mary Pickford, utilizó el término *it* en su columna sobre estilo de la revista *Harper's Bazaar*. Lucile comentó en ella "cómo había disfrutado encontrándose con una buena amiga que llevaba un precioso vestido parisino con el que se sentía feliz y muy *it*". Con todos estos antecedentes familiares, es más que obvio que Elinor Glyn halló la inspiración para su novela y posterior guion del film en su propia hermana, una auténtica pionera de las *it girls* del siglo XX. También es muy probable que la propia Clara Bow le sirviera como referencia y, después, como indiscutible protagonista de la película producida por Paramount Pictures. Nacida en Brooklyn, esta actriz personificó a la perfección el espíritu *garçonne* que tanto éxito tuvo en los años veinte. Su mezcla de inocencia y provocación y su personalidad de *ingénue* y *femme fatale* al mismo tiempo, la convirtieron en una estrella sin igual a nivel internacional y la transformaron en la primera *it girl* cuyo origen era cien por cien cinematográfico. A finales de la década, Bow (en quien se inspiró el personaje animado de Betty Boop) recibía más de 45.000 cartas al mes de admiradores, tanto masculinos como femeninos, y su estilo al vestir, maquillarse y peinarse fue el más imitado por unas chicas que encontraban en ella a la perfecta compañera de travesuras sentimentales mientras sonaban de fondo los ritmos del charlestón.

LA PRIMERA "IT GIRL..." SE VIENE ABAJO

Sin duda alguna, Clara Bow era la perfecta candidata para protagonizar un film como *It*, ya que ella misma era en ese momento la *it girl* más deseada e influyente en la moda. El reinado de sus peligrosos ojos duró hasta que sus ataques de nervios dijeron basta. A partir de 1931 la presión de la fama, las infamias de la prensa, el *overwork* y un juicio contra su propia secretaria la convirtieron, según su manager, en "Crisis-a-day-Clara Bow". Ingresada en un sanatorio psiquiátrico y con solo veinticinco años, su carrera estaba

Brenda Dean Paul formó parte del colectivo Bright Young People, un grupo de jóvenes de la alta sociedad sin prejuicios que se especializó en organizar las fiestas más locas y excesivas de Londres en los años veinte.

casi acabada. Tras una cura de descanso en un rancho de Nevada junto a su marido, regresó a Hollywood para filmar las que serían sus dos últimas películas y retirarse definitivamente en 1933. La maternidad y la relajada vida en Nevada la esperaban, y la hicieron feliz hasta que los trastornos psicológicos volvieron a hacer acto de presencia, hasta llevarla incluso a un intento de suicidio en 1944 ante la posibilidad de tener que volver a la vida pública porque su marido fue candidato a gobernador del estado. En 1949 ingresó en una clínica y recibió tratamientos de choque para intentar curar su constante insomnio y su acentuada esquizofrenia. Abocada a esta penosa situación, Bow abandonó a su familia y se recluyó en un bungalow de Los Ángeles, donde fue atendida por una enfermera y vivió hasta que en 1965, a los sesenta años, falleció de un ataque al corazón.

Si la autora de *It*, Elinor Glyn, se hubiese esforzado en investigar sobre qué chicas eran realmente las que transmitían eso especial en los años veinte muy pronto se habría encontrado con el nombre de **Brenda Dean Paul** y, en ese preciso momento, habría descubierto la cara más amarga de lo que puede significar convertirse en una chica de moda. Hija del aristócrata sir Aubrey Dean Paul y de la pianista belga Poldowski, en su adolescencia intentó en vano labrarse una carrera en el teatro o en el cine mudo, y entonces estalló la Primera Guerra Mundial. Cuando esta concluyó, el panorama aristocrático británico era desolador y, para alentar el decaído ambiente, aquellos que sobrevivieron y, en especial, las chicas tuvieron que poner mucho de su parte.

EXCESOS QUE SE PAGAN CAROS

Dean Paul puso demasiado y fue entonces, entre excesivas y eternas noches, cuando encontró su verdadera profesión: convertirse en una "polilla social", yendo de fiesta en fiesta animando al personal. Para ello no dudó en formar parte del grupo Bright Young People, en el que también estaban el escritor Evelyn Waugh y el fotógrafo y estilista Cecil Beaton, una animada pandilla especializada en practicar la frivolidad y organizar las fiestas de disfraces más provocadoras de la época. Sumergida en tan dicharachero ambiente, Dean Paul se dejó llevar y acabó por recibir el apodo de "drogadicta de la alta sociedad". Arrastrada durante el período de entreguerras por su adicción a la heroína mientras vestía según las últimas tendencias venidas de París, su figura pública fue poco a poco diluyéndose en los bajos fondos londinenses mientras sus encontronazos con la ley se hacían cada vez más habituales.

La prensa amarillista tuvo un papel decisivo en el auge y la caída de esta sofisticada y bella *it girl*. Los periódicos de este tipo fueron los que se encargaron de difundir historias de dudosa veracidad que situaban a Dean Paul en restaurantes limpiando su jeringuilla con el agua de un jarrón de flores que había sobre la mesa o abriendo la puerta a la policía completamente desnuda. Junto a su amante, Anthea Carew, se recluyó en numerosas clínicas para intentar desintoxicarse, sin demasiado éxito. Volvió a las andadas y cometió delitos que la llevaron varias veces ante la justicia y, finalmente, a la cárcel de Holloway en 1932. Aun así, tres años después, durante un período de extraña lucidez, Dean Paul escribió sus memorias, irónicamente tituladas *My First Life* porque probablemente ya sabía que no iba a disfrutar de una segunda vida. En 1959, a los cincuenta y dos años, falleció en Londres por causas naturales y

Especialista en convertir una fiesta en algo memorable, Elizabeth Ponsonby se consumió como *it girl* inmersa en la vorágine de los compromisos sociales de la alta sociedad.

dejó tras de sí una dramática andadura como *it girl* de la alta sociedad caída en absoluta desgracia.

El colectivo Bright Young People, retratado satíricamente por el propio Evelyn Waugh en la novela *Cuerpos viles*, aportó otro nombre al grupo de las pioneras *it* que sufrieron el cruel descenso desde la gloria de clase alta hasta los infiernos de la irremediable adicción. Esta vez fue el alcoholismo el que llevó a **Elizabeth Ponsonby** a fallecer antes de cumplir los cuarenta, después de haberse convertido en una de las *party girls* más populares de Londres en los años veinte, con su peinado corto de estilo *flapper* y sus minúsculos y escandalosos vestidos. Hija de un representante del Partido Laborista en el Parlamento, Arthur Ponsonby, que consideró una buena opción plantar cara a la reina Victoria por pertenecer a este partido a pesar de ser un aristócrata, es probable que heredara de su padre el valor para enfrentarse a una sociedad que desaprobaba su imparable conducta hedonista. De hecho, incluso su madre, Dorothy, la acusaba continuamente de ser una de esas chicas que, teniendo 3.000 libras para gastar en todo un año, decidía invertir 800 en un solo vestido.

Los números no eran lo suyo y poco le importaban a Elizabeth Ponsonby. Su incansable capacidad para convertirse en la protagonista de las fiestas era equiparable a la cantidad de cócteles que necesitaba ingerir antes de acabar en brazos de cualquier anónimo amante. El exceso juerguista de la época se llevó por delante a una *it girl* que no supo medir bien la cantidad de alcohol que su delgado cuerpo podría soportar. Era una época en la que la información

Epítome del mejor estilo *garçonne*, Louise Brooks poseía la hipnótica capacidad de seducir tanto a hombres como a mujeres, algo que a ella no le importaba en absoluto ante la opinión pública.

sobre el alcance de las adicciones brillaba por su ausencia. Y no es por buscar excusas ante toda esta desdicha.

Lo que parecen ser unos comienzos desastrosos para las *it girls* se consiguen enderezar gracias a ejemplos como el de la maravillosa **Louise Brooks.** Amiga y compañera de fatigas mudas de Clara Bow en la gran pantalla, es posible que Brooks fuese quien realmente alcanzara la perfección absoluta en lo que al concepto de *it girl* se refiere durante los años veinte. Su impactante belleza y su enorme personalidad han hecho de ella un referente inevitable para la moda hasta el día de hoy, inspirando el trabajo de multitud de diseñadores, que siempre la citan como una de esas musas de cabecera eternas. Al describir los rasgos de la perfecta chica *garçonne* en su sentido más elegante es necesario referirse a Brooks como gran ejemplo; su corte de pelo estilo bob, de color negro azabache, corto y con flequillo, sus impactantes ojos maquillados con intenso *khôl*, los *little black dress* de Chanel y collares largos de perlas falsas que formaban parte de su armario personal eran el sueño de cualquier joven a finales de los años veinte. En la gran pantalla, su estilo alcanzó niveles de elegancia elevadísimos a lo largo de 70 films de cine mudo y 8 de sonoro antes de retirarse en 1935. Lo curioso del caso de Brooks es que no solo consiguió convertirse en una *it girl* gracias a sus impolutos looks, sino que su actitud ante la sociedad de la época completó una personalidad arrebatadora que se atrevió a romper todos los moldes que le pusieran por delante. Es posible que sus comienzos como bailarina de Broadway la animaran a practicar un sano comportamiento liberal que ejerció un gran poder de atracción sobre hombres y mujeres.

UN PALADÍN DE LA BISEXUALIDAD

Conocida con el sobrenombre de Lulu, su vida sentimental fue realmente agitada y sus numerosas relaciones con hombres del ámbito cinematográfico fueron bien conocidas. Mientras sus amantes masculinos la adoraban, muchas amantes femeninas esperaban ansiosas que Brooks disfrutara de su declarada bisexualidad en unos tiempos de auténtica liberación sexual. Según escribió en sus memorias, esto ocurrió en pocas ocasiones, de las cuales la noche que pasó con Greta Garbo fue la más destacable. Brooks describe su actitud con ella como muy masculina y tierna a la vez. Por lo demás, Brooks disfrutaba y valoraba mucho su amistad con mujeres lesbianas, algo que pudo hacerle parecer una de ellas ante los medios, un hecho que en absoluto le incomodó o preocupó. La ambigüedad de Brooks formaba parte de su belleza natural; para ella la sexualidad jamás estuvo definida en un solo sentido, y su conducta no hizo más que reforzar su poderoso estilo personal. Tras un paso en falso al rechazar protagonizar un film clave, su carrera se estancó y, ante el cansancio acumulado tras años de frenética actividad, decidió retirarse a su Wichita natal. Su fama de mujer progresista le impidió quedarse allí y la obligó a instalarse en Nueva York, donde trabajó de bailarina en nightclubs, de actriz radiofónica, de dependienta en los almacenes Saks

Las bailarinas Adele Astaire y Gaby Deslys lucieron estilos muy diferentes, pero igual de influyentes en una moda que veía en el baile el lugar idóneo para encontrar las tendencias más apetecibles de cada temporada.

Fifth Avenue y de *call girl* con una lista de adinerados clientes que la agasajaban mientras el alcohol y las píldoras para dormir se empezaban a adueñar de ella. Brooks reaccionó y aprovechó la oportunidad que le dieron algunos historiadores del cine que reivindicaban su legado a principios de los años cincuenta para convertirse en guionista y comenzar a redactar sus memorias, tituladas *Lulu in Hollywood* y publicadas en 1982. Tres años después, a los setenta y ocho años, falleció de un ataque al corazón en su casa de Rochester. La influencia de Brooks en la cultura pop moderna ha sido encomiable. Desde el personaje de Melanie Griffith en el film *Algo Salvaje* hasta el look en directo de Siouxsie Sioux a finales de los años ochenta o al hit *Pandora's Box* del grupo de electropop OMD en 1991, todos ellos rindieron tributo a una mujer cuya capacidad para fascinar a las nuevas generaciones sigue siendo envidiable.

Aparte de Clara Bow y Louise Brooks, hay otros nombres ligados al séptimo arte que forman parte del grupo de las *it girls*

La bailarina Irene Castle fue elegida la mujer mejor vestida de América en 1930. Su elegancia innata no desapareció cuando se retiró para luchar en defensa de los animales.

pioneras que mostraron un camino diferente al de diva o icono para mujeres con "eso" que las hacía diferentes. El trío de bailarinas formado por **Gaby Deslys**, **Irene Castle** y **Adele Astaire** fue un caso interesante. La primera, por cronología, era de origen francés y triunfó antes de la Primera Guerra Mundial en Broadway con un nombre que era la abreviación chic de Gabrielle of the Lillies. Su belleza y elegante estilo al vestir fueron muy populares, tanto como sus bailes, con nombres tan originales como Ju-Jitsu Waltz, Turkey Trot, Grizzly Bear o su famosísimo The Gaby Glide. Gracias a ellos llegó a ganar 4.000 dólares por semana en los escenarios de Estados Unidos, y también gracias a ellos atrajo la atención de numerosos y ricos admiradores, entre los que destacó sobremanera el rey Manuel II de Portugal, con quien mantuvo una intensa relación hasta que este se casó en 1913. La imparable carrera de Deslys se vio truncada cuando contrajo la gripe española, de la que finalmente falleció en París en 1920 con tan solo treinta y ocho años, tras

La actriz Constance Talmadge no tenía rival a la hora de organizar las mejores fiestas en las mansiones que poseía por sus cuatro fallidos matrimonios.

numerosas y dolorosas operaciones de garganta. De su villa en Marsella, vendida para dar el dinero a los pobres de la ciudad por su expreso deseo, solo se salvó su suntuosa cama, adquirida en una subasta por los estudios Universal para acabar siendo, nada menos, el lecho del personaje Norma Desmond en el inolvidable film *El crepúsculo de los dioses*.

Irene Castle formó una inolvidable pareja de bailes de salón con su marido, Vernon, hasta que este falleció en un accidente de aviación durante la Gran Guerra. Tras ella, Castle continuó su carrera como bailarina, siguió siendo un icono de elegancia en las fiestas más sofisticadas y protagonizó varias películas mudas. En 1930, al mismo tiempo que era elegida la mujer mejor vestida de América, decidió retirarse del show business para dedicarse a la lucha por los derechos de los animales con la misma elegancia con la que siempre posó para las mejores revistas de moda.

Por último, Adele Astaire, lejos de quedarse a la sombra de su famosísimo hermano pequeño, Fred, se ganó por méritos propios el estatus de *it girl* gracias a su peculiar belleza y a su moderno criterio para la moda, en perfecta sintonía con las propuestas de las grandes diseñadoras de su época, Coco Chanel, Jeanne Lanvin y Madeleine Vionnet. Como pareja de baile de su hermano hasta principios de los años treinta, Astaire saboreó las mieles del éxito a ambos lados del Atlántico, hasta que lord Charles Cavendish le propuso matrimonio tras una de sus actuaciones. Entonces se convirtió en lady Cavendish, se instaló en un castillo irlandés y llevó su elegancia a un nivel todavía más alto que el que había alcanzado

La guionista Anita Loos fue, en Nueva York, una *it girl* que practicó el shopping indiscriminado y las salidas nocturnas en compañía de sus mejores amigas por los locales de moda.

cuando se dedicaba al mundo del espectáculo.

Las bailarinas, muy populares a principios de siglo, poco a poco dejaron paso a las actrices del poderoso cine mudo como los ejemplos que debían seguir las jóvenes que ansiaban ir a la moda. Así fue como, aparte de las citadas Bow y Brooks, otras mujeres comenzaron a ser muy habituales en las páginas dedicadas a la crónica social, en las que, de paso, se hablaba de tendencias de moda y formas de comportarse en sociedad. Nombres como el de **Constance Talmadge** fueron muy famosos en una década en la que quien organizaba las mejores fiestas era quien alcanzaba una mayor popularidad. En este sentido Talmadge no tenía rival, en parte gracias a sus cuatro matrimonios con hombres que poseían mansiones donde celebrarlas siempre a lo grande.

De familia muy pobre, esta actriz, que participó en más de ochenta films mudos, fue bien conocida por su gran sentido del humor y por su total irresponsabilidad al disfrutar de la fastuosa vida que le tocó vivir, una actitud que no le evitó serios problemas con el alcohol y otras sustancias más peligrosas. Talmadge, durante sus tres primeras relaciones sentimentales, llevó un estilo de vida del tipo *non-stop party* que iba muy acorde con su gran capacidad para hacer reír a los demás, tanto en la gran pantalla como fuera de ella. Al contrario que sus hermanas, también actrices, ella no se sentía capacitada para resultar dramática. Según ella misma dijo, no nació para ser una estrella vamp, porque no poseía el *allure* necesario, no era exótica, no era erótica y no era neurótica. Talmadge encontró en la comedia real y ficticia el vehículo idóneo para transmitir un estilo que, una década y media más tarde, recuperaría Katherine Hepburn para triunfar en sus inicios. Gracias a ello Talmadge fue de las primeras en tener su estrella en el Paseo de la Fama de Beverly Hills. Su compañera de juergas, la escritora y guionista **Anita Loos**, también dio un nuevo significado al concepto de *it girl* que, hasta el momento, los medios de comunicación se habían encargado de divulgar. Responsable de lanzar al estrellato al galán Douglas Fairbanks mientras colaboraba en publicaciones como *Vanity Fair* o *The New Yorker*, Loos cultivó una imagen un tanto alocada que, al instante, enamoró a todos aquellos y aquellas que la fueron conociendo. Cuando Loos y Talmadge no estaban trabajando juntas en el guion de alguna nueva película que seguramente sería otro gran éxito, estaban de compras. Y esta relación de amistad basada en la moda fue la que empezó a encaminar la mente de Loos hacia un proyecto que se convertiría en un enorme éxito, los relatos cortos para *Harper's Bazaar* titulados *Los caballeros las prefieren rubias*, que en 1925 llegarían a ser todo un best seller, el que más tarde daría lugar al famoso film protagonizado por Marilyn Monroe y Jane Russell.

Aparte de su divertida relación con las hermanas Talmadge, su marido y compañero de trabajo, John Emerson, fue en gran parte responsable de que Loos se convirtiera en una conocida *it girl* neoyorquina. Tras años de matrimonio la convenció de su necesidad de pasar un día a la semana a solas, o más bien en compañía de mujeres más jóvenes. Fue entonces cuando Loos, con su habitual ironía, decidió crear las *soireés* Tuesday Widows, en las que reunía a gran parte de sus amigas *it* para salir por Manhattan y vivir aventuras en barrios "poco apropiados" como Harlem. Como asidua *partygoer* y *diner-out*, Anita Loos marcó un antes y un después que ha perdurado hasta la actualidad, con ejemplos como la serie *Sexo en Nueva York*, inspirados directamente en el estilo que derrochaba al pisar el asfalto neoyorquino con vestidos de noche de Mainbocher acompañada por sus mejores amigas.

LA PRIMERA MODELO "IT GIRL"

La propia moda también comenzó a aportar sus propias *it girls* desde el ámbito de las modelos, una circunstancia que a partir de los

Denise Boulet, fiel esposa del primer diseñador de moda de la historia, Paul Poiret, sedujo a la amplia clientela de su marido con su imagen apacible y sencilla, llena de sosegada elegancia.

años sesenta se repetiría incesantemente hasta el día de hoy. Probablemente, la primera modelo que cruzó el límite de lo permitido en su trabajo para comenzar a ejercer una gran influencia en las mujeres de la alta sociedad europea fue **Denise Boulet**. Y lo tuvo relativamente fácil, tratándose de la mujer del que es considerado el primer diseñador de moda de la historia, Paul Poiret. Boulet era una humilde chica de provincias recién llegada a París cuando Poiret la descubrió. El diseñador encontró en su serenidad el motor de su inspiración y la respuesta a todas las incógnitas que le estaba planteando la realización de una propuesta que cambiara para siempre el modo de vestir de la Belle Époque. Poiret buscaba una nueva silueta que liberara a las mujeres de sus corsés y polisones y que las mostrara de un modo más natural y sencillo. En este sentido, Boulet personificaba todo eso y mucho más, porque su innata dulzura y sus

Anna de Noailles pertenecía a la aristocracia, pero no dudó en frecuentar los ambientes intelectuales y artísticos de París como respetada escritora e *it girl*.

educadas maneras remataban una personalidad fascinante que, gracias a su medida campechanía, destacaba muchísimo en los ambientes aristocráticos de la época. Su belleza delgada y delicada inspiró de tal modo a Poiret que en su primera entrevista para *Vogue* no dudó en afirmar que "ella era la expresión de todos sus ideales en la moda". Así pues, como una extraña entre damas de alta alcurnia (una situación parecida a la de Coco Chanel en sus inicios), Boulet consiguió hacerse un hueco entre ellas y convencerlas sin demasiado esfuerzo de que su estilo, su discreto look, era el adecuado después de décadas en las que, para las mujeres, vestirse apropiadamente había supuesto una auténtica tortura. Las revistas y periódicos de la moda se encargaron del resto, mostrándola como la *it girl* surgida de la moda más imitada antes y después de la Primera Guerra Mundial. Junto a Poiret vivió como fiel esposa durante veintitrés años, en los que tuvo cinco hijos y aguantó sus infidelidades, sus borracheras, sus bancarrotas y sus crisis de inspiración. Un día dijo ya no puedo más y se divorció de él de manera nada amistosa. Ese día dejó de ser una *it girl* y, por fin, consiguió lo que más deseaba: el anonimato de una vida tranquila junto a sus hijos, lejos de la frívola fama con que la moda a menudo te obsequia.

Durante los años veinte y treinta el mundo de la intelectualidad también quiso empezar a poner su granito de arena convirtiendo algunas de las primeras mujeres que lo integraron en *it girls*. Lejos de la superficialidad de las modas que van y vienen, pero sin

A la izda., Clare Boothe Luce en la biblioteca de su casa buscando información para alguno de sus artículos para la revista *Vogue* o *Vanity Fair*, a la dcha., la lánguida presencia de Edna St. Vincent Millay, la primera *it girl* feminista.

renunciar al estilo propio, mujeres como **Anna de Noailles**, **Clare Boothe Luce** y **Edna St. Vincent Millay** se transformaron en buenos ejemplos de *it girls* que abrazaron el arte de la literatura e, incluso, de la política. La primera nació princesa en París y se convirtió en condesa de Noailles gracias a su matrimonio; su condición aristocrática no le impidió frecuentar los ambientes intelectuales y artísticos de la capital del Sena mientras escribía tres novelas, una autobiografía y varias colecciones de poesía. Marcel Proust, Colette, Jean Cocteau o Max Jacob, todos ellos admiraron la belleza y elegancia de Noailles, y varios pintores, entre ellos el famoso retratista húngaro Philip de László, la inmortalizaron, junto al escultor Rodin, que en 1906 esculpió su imagen en mármol para la posteridad. En 1921 recibió el Gran Prix de la Académie Française y acudió a recogerlo vestida de Poiret con un sencillo traje que no hacía más que destacar su fascinante personalidad y su misteriosa belleza de ojos entreabiertos, tez blanca, cabello negro y labios perfilados.

Clare Boothe Luce siempre hizo gala de una carismática y poderosa personalidad desde su juventud. Muy cercana al partido demócrata hasta que la Segunda Guerra Mundial le hizo cambiar drásticamente de opinión para hacerse una fiel republicana, Boothe disfrutó de los años veine como una *socialite* casada con un multimillonario alcohólico que usaba su frágil y rubia belleza para ampliar su influyente lista de contactos en las altas esferas de Nueva York. Cuando en 1929 se divorció de su primer marido, muy pronto encontró un repuesto acorde a su ambición: Henry Luce, dueño de las revistas *Time*, *Life* y *Fortune*. Con él formó una de las parejas de poder más importantes de Estados Unidos durante décadas, y gracias a él desarrolló una carrera como escritora que la llevaría a triunfar en 1936 con la novela y posterior comedia para la gran pantalla *The Women*, uno de los más acertados retratos de las mujeres neoyorquinas que jamás se han hecho. Este éxito le permitió comenzar a colaborar habitualmente en revistas como *Vogue* o *Vanity Fair*, haciendo gala de un irónico humor que hizo de ella una de las *it girls* intelectuales y feministas de origen americano más atractivas, con un estilo personal que rompió con algunas reglas tradicionales de la forma de vestir de las mujeres, como cuando introdujo el uso de los pantalones en el día a día.

EL LADO FEMINISTA MÁS "IT"

Edna St. Vincent Millay no comenzó a formarse como *it girl* hasta que no se trasladó a vivir al neoyorquino barrio de Greenwich Village en 1917. Abiertamente bisexual, su belleza pelirroja siempre iba acompañada por una frivolidad al hablar que lograba sonrojar al más atrevido de los hombres que la cortejaban. Al mismo tiempo, su sentido de la moda, muy influenciado por las compañías de teatro experimental de las que formaba parte, era de lo más original, cuando no decidía vestirse con ropa de hombre de los pies a la cabeza. Mientras todo esto sucedía y Millay disfrutaba de la vida bohemia, su talento como escritora de poesía no dejaba de recibir elogios por parte de la crítica especializada hasta que en 1923 ganó el Premio Pulitzer de este género literario. A partir de este momento fue poco a poco radicalizando su posición feminista y, a pesar de casarse, no dejó de gozar de los favores de numerosos amantes de ambos sexos, que caían embelesados por su lánguida belleza y

Las hermanas Peggy y Benita Guggenheim se convirtieron en las primeras *it girls* que fueron grandes mecenas de los mejores artistas de la vanguardia del siglo XX.

moderna apariencia, vestida con las prendas de inspiración art déco que las mejores firmas parisinas le proponían en exclusiva.

Un último nombre, o más bien dos, hay que añadir a la lista de *it girls* pioneras que rompieron moldes en una sociedad arcaica a favor de un estilo único e inclasificable. Las hermanas **Peggy** y **Benita Guggenheim** pertenecían a una de las familias más adineradas de Estados Unidos, enriquecida gracias a sus negocios mineros por todo el mundo. Huérfanas de un padre, Benjamin, que falleció en la tragedia del *Titanic*, ambas hermanas se convirtieron al llegar a la mayoría de edad en dos de las *it girls* más solicitadas y vanguardistas del panorama de la alta sociedad internacional. El mecenazgo artístico que su familia practicó desde que comenzó a hacer fortuna sirvió a las Guggenheim para establecer un vínculo con la alta costura más innovadora que jamás decayó. Su espíritu bohemio, realmente cercano a artistas tan importantes como Kandinsky, Tanguy, Picasso o Ernst, contribuyó a hacer de ellas, especialmente de Peggy, la más emprendedora de las dos, dos herederas con un auténtico estilo personal, ideales para ser protagonistas de los titulares más llamativos. Sin embargo, hay que reconocer que la prensa amarillista nunca consiguió amedrentar el sofisticado carácter de las hermanas Guggenheim. Al contrario, cuanto más se las criticó por sus numerosos affaires con gran parte de los artistas que apoyaban, más se obtuvo la provocación como respuesta por parte de ellas. Esto era algo que a su madre, Florette, indignaba sobremanera, pero ¿qué podía ella hacer si sus hijas se habían convertido en las chicas predilectas de los más modernos y surrealistas ambientes de París, Londres o Nueva York? El resultado de su actitud *arty* todavía perdura para disfrute de todos aquellos que somos admiradores del arte moderno. Sin las Guggenheim y su rompedor estilo, el arte del siglo XX no hubiese evolucionado como lo hizo y determinados artistas no habrían creado las inigualables obras que crearon.

ADJETIVOS QUE DEFINEN TIPOS DE "IT GIRLS"

Hasta aquí, un repaso de aquellas precursoras que hicieron de lo "it" algo con sentido desde principios del siglo XX hasta la década de los años treinta. A partir de este momento, las chicas con ese algo especial comenzaron a surgir desde muy diferentes ámbitos. De la alta sociedad a los clubes underground, de los cafés con tertulia a la pasarela de los desfiles más innovadores, de todas partes han surgido *it girls* que, sin pretenderlo, han dado lugar a una tipología que se define con rotundos adjetivos, a los que ellas dan sentido como pocas mujeres lo han hecho. Ha llegado el momento de descubrir mi tipología de *it girls* desde un punto de vista histórico, una tipología en la que no están todas las que fueron, pero sí son todas las que están.

ricas y famosas

El título del estupendo film dirigido por George Cukor en 1981 y protagonizado por Candice Bergen y Jacqueline Bisset sirve a la perfección para describir el primer grupo de *it girls* de este recorrido por un universo de singulares personalidades. Las mujeres que lo forman nacieron en el seno de familias adineradas que pertenecieron a la denominada alta sociedad. A lo largo de casi todo el siglo XX esta clase social detentó entre sus múltiples privilegios el del uso y disfrute de la moda más exquisita que surgía, principalmente, de París. Diseñadores como Poiret, Vionnet, Lanvin, Chanel, Schiaparelli, Balenciaga, Dior o Saint Laurent, entre otros muchos, tuvieron entre sus clientes a las chicas de buena familia más *it* del momento. Ellas fueron las que se atrevieron con algunas de sus creaciones más extravagantes, ellas fueron quienes dieron lugar con su atrevida actitud a las tendencias más originales. La riqueza y el poder les respaldaban cada vez que viajaban en primera clase de un país a otro con su colección de baúles de Louis Vuitton. ¿La razón de estos viajes? Ir de compras a los más distinguidos *ateliers*, acudir a los salones de té más populares, protagonizar puestas de largo o asistir a uno de los numerosos bailes de gala que se han celebrado a lo largo del siglo XX. Estos acontecimientos sociales llenos de belleza, perfección y muchas sorpresas eran el marco idóneo para que las *it girls* se presentasen en sociedad y fascinaran con su gran personalidad a los invitados. Durante la época victoriana los bailes de sociedad fueron muy numerosos, mientras que en el siglo posterior se organizaron en contadas pero famosísimas ocasiones. De entre ellos, destacaron los llamados *costume balls*, aquellos en los que la moda era la gran protagonista, ya fuera a través de un determinado *dress code* o de una propuesta mucho más creativa centrada en el uso de disfraces. El primero, que se celebró en 1903, fue el baile del Palacio de Invierno en San Petersburgo, después llegarían otros, como el baile du Siècle en Venecia (1951), el baile Black & White en Nueva York (1966), el baile Oriental en París (1969) y el baile Proust en el *château* belga de Ferrières (1971). En todos ellos, a lo largo de las diferentes décadas, hubo herederas de la alta sociedad que destacaron entre las demás asistentes.

REBELDES... ¿CON O SIN CAUSA?

Las *it girls* de la alta sociedad y las reglas de protocolo vigentes hasta la década de los sesenta no conectaron a la perfección. Según lo establecido por las rígidas reglas del comportamiento adecuado, las jóvenes debían ir siempre vestidas correctamente para cada ocasión, no era conveniente que se relacionasen con todos y cada uno de los invitados a un evento y su manera de comer y beber también debía ser muy comedida. Lejos de todo esto, las *it girls* crearon su particular modo de proceder siguiendo las reglas impuestas... a su manera. No se trataba de romper con ellas radicalmente porque, entonces, no hubieran seguido recibiendo en su correo personal las invitaciones para las fiestas más apetecibles. Y eso habría significado una auténtica tragedia para ellas. Se trataba más bien de encontrar una nueva forma de interpretarlas, de hacerlas suyas y de darles un estilo diferente.

Gracias a esto, su personalidad única fue tomando forma cuando, en el vestir, comenzaron a lucir looks que no eran los esperados. Las exóticas creaciones de Poiret, las prácticas propuestas de Chanel, los atrevidos diseños de Schiaparelli, los sofisticados planteamientos de Dior o los provocadores looks de Saint Laurent fueron los vehículos idóneos para romper con lo establecido aportando un nuevo sentido de la elegancia. Y esta no se basaba en anticuadas maneras de vestirse, todo lo contrario, para una *it girl* con poder adquisitivo ilimitado lo novedoso era lo correcto. ¡Lo muy novedoso! Porque entre ellas, que se movían todas en los mismos círculos de una élite que se veía las caras una y otra vez en los acontecimientos sociales temporada tras temporada, también existía cierta competencia. Sorprender al personal habitual era algo usual para ellas, pero sorprender a otra *it girl* era lo más. Así pues, gracias a esta competición *it* por lucir los atuendos más innovadores, la moda avanzó muchísimo en su propia andadura histórica. Respecto al modo de relacionarse con el resto de los mortales que las rodeaban, las *it girls* de buena familia tampoco siguieron los dictámenes que sus progenitores y mentores les aconsejaban. Ni falta que les hacía. Sus conductas fueron consideradas impropias en la mayoría de los casos por los y las más exigentes. Sin embargo, hay que destacar que las pioneras conectaron con ciertas ideas feministas y sufragistas de su época que resultaron ser el germen del lento pero seguro avance de la mujer ante una sociedad machista. En este sentido, las *it girls* de alta sociedad fueron rebeldes sin causa que, inconscientemente, ayudaron a crear una imagen de la mujer independiente y moderna. Su hedonista estilo de vida, dejando a un lado su frivolidad innata, plantó cara a las livianas vidas que vivían la mayoría de las jóvenes en la primera mitad del siglo XX. Siempre dispuestas a hacer lo que se les dijera que hiciesen, siempre discretas y cautelosas, siempre sumisas, dóciles ante las implacables decisiones de las instituciones. Una *it girl*, ante tal panorama desalentador, no tenía más remedio que revelarse para luchar por sí misma. A veces, acompañadas por un grupo de amigos capaces de convertirse en su verdadera (y falsa al mismo tiempo) familia, otras veces afortunadas de tener una pareja (ya fuera masculina o femenina) que respetara su actitud ante la vida, y en algunas ocasiones, solas ante el peligro. El dinero es poder y ellas supieron usarlo en su favor para vivir sus vidas como quisieron, sin claudicar ante la presión social.

EXCESIVAS POR PROPIA NATURALEZA

Por último, los excesos cometidos al comer, beber y tomar otro tipo de sustancias también formaron parte, a menudo, de la actitud de unas chicas que, además de *it girls*, podían llamarse perfectamente *party girls*. Su estilo de vida iba acorde con el ritmo vertiginoso que caracterizó las costumbres de la alta sociedad del siglo XX, solo paralizadas por las dos grandes guerras y sus correspondientes períodos de posguerra. El alcohol, como ocurre siempre, estaba muy bien integrado en la manera de divertirse de la clase social acaudalada. En los locos años veinte se consumió en cantidades enormes y solo la Gran Depresión frenó su auge, pero fue de nuevo en ascenso a partir de los años cincuenta. Respecto a las drogas, las anfetaminas, el opio y la cocaína fueron habituales en los ambientes más elitistas; la heroína y la morfina se quedaron atrás convertidas en sustancias de consumo más marginal, drogas duras que solo aparecían en escena cuando la decadencia acontecía.

Las *it girls* hicieron de todo lo anterior su seña de identidad en la élite social. Sin embargo, a pesar de su comportamiento antirreglamentario, sabían que para ganar adeptos debían ser sumamente amables con su entorno. Nadie iba a apoyarles de verdad si no se esforzaban por atraer a sus admiradores: para recibir hay que aprender a dar, y también hay que aprender a adaptarse mínimamente a los demás. Las reglas de urbanidad se crearon hace poco más de dos siglos para facilitar las relaciones entre los miembros de las clases altas y, sobre todo, para marcar distancias con otros estratos sociales. La educación ante todo. Y esto a ellas les sobraba, ya que formaba parte de su encanto personal, al menos mientras se mantenían lo suficientemente sobrias. En su ámbito social, costumbres como dejarse besar la mano por los caballeros, no abrir jamás la puerta de un coche o esperar que todos los hombres se levantaran cuando iban a ir al baño en mitad de una cena eran normales, formaban parte de un comportamiento muy refinado que se les había inculcado desde muy pequeñas. Dentro de lo que se esperaba de ellas también se incluía la posibilidad de que ocurrieran situaciones embarazosas y, sin duda alguna, estas eran las preferidas de cualquier *it girl* que se preciara de serlo en la alta sociedad.

EL BOCHORNO COMO ALGO HABITUAL

Este tipo de situaciones un tanto ridículas se producían (y se siguen produciendo) por un problema de empatía en la sociedad; en estos casos, el principio elemental de la convivencia que reza "no hagamos a los demás lo que no queremos que nos hagan" fracasa. Es precisamente la falta de delicadeza y compasión en los demás, y el miedo a la risa ajena, lo que explica que se obre con imprudencia a la hora de acometer gestos susceptibles de desfallecer en el intento, como andar con tacones demasiado altos, manejar cubiertos de marisco sin tener experiencia o intervenir en una conversación de versados en una materia que desconocemos. Las múltiples circunstancias de bochorno vividas por las *it girls* en sus intensos días y sus largas noches les obligaron a aprender a salir airosas de situaciones incómodas presenciadas por los demás; unos "demás" que eran, por lo general, seres desalmados siempre dispuestos para la crítica cruel y ávidos por hacer mofa de lo ocurrido por muy elegantes que fueran vestidos y muy alto fuera su linaje.

A continuación y una vez descrito el ambiente social que nos ocupa, llega el momento de repasar los nombres propios femeninos ligados a la alta sociedad que más influencia ejercieron en la moda

La heredera Barbara Hutton se llegó a casar siete veces, pero siempre acabó divorciándose de sus cónyuges. Todo ello acabó por pasarle factura a través del abuso del alcohol, las drogas y el sexo esporádico previo pago.

cuando eran jóvenes y, en la mayoría de los casos, posteriormente, a lo largo de sus fantásticas y longevas vidas. Las primeras *it girls* ricas y famosas fueron Barbara Hutton, Daisy Fellowes, Millicent Rogers, Mona Bismarck, Pauline de Rothschild y Gloria Vanderbilt.

Barbara Hutton fue una auténtica heredera, *socialite* y filántropa que estuvo casada con tres príncipes, un barón, un conde, un actor —Cary Grant—, y un playboy —Porfirio Rubirosa—, nada menos. Todas sus relaciones acabaron en divorcio y todas duraron menos de tres años. En ellas Hutton buscó la relación paternal que jamás tuvo por las desavenencias con su propio progenitor y solo encontró el abuso por parte de sus cónyuges debido a su condición de chica rica y famosa. Rodeada de posesiones, dueña de una gran belleza (a menudo ensombrecida por su tendencia a la anorexia en algunas épocas) y especialista en relaciones sociales de alto nivel, su vida acabó presa del alcohol, las drogas y el sexo esporádico debido, también, a su falta de autoestima y de confianza en sí misma. Hutton fue el clásico ejemplo de “pobre niña rica”. Y es curioso como, a pesar de ello, su figura siempre resultara ser un gran referente para la moda del siglo XX.

Cuando en 1930 cumplió dieciocho años, Hutton protagonizó en Nueva York el baile de debutante más opulento posible, con una lista de invitados que incluía las familias Vanderbilt, Astor y Rockefeller al completo, además de otros populares nombres de la alta sociedad norteamericana; en él actuó en directo el mismísimo Maurice Chevalier y, en total, la celebración llegó a costar cerca de un millón de dólares actuales. Debido al terrible momento económico que vivía la nación tras el crack bursátil de 1929, el evento en cuestión fue severamente criticado por la prensa y, por ello, Hutton fue enviada a realizar un tour por Europa durante varios meses. Este viaje fue definitivo para que adquiriera unos conocimientos de moda más sofisticados que en Estados Unidos no podía encontrar. De este modo, la joven que partió de Nueva York tras su mayoría de edad regresó a su ciudad natal convertida en una irresistible *it girl*.

UNA VIDA MARCADA POR LOS ABUSOS

En 1933, tras cumplir los veintiún años, Hutton poseía ya una fortuna estimada en unos 50 millones de dólares, gracias a la herencia recibida de su abuela y de su madre (fallecida cuando ella solo contaba cinco años) y a las hábiles dotes empresariales de su intratable padre. Conocida en la prensa como una joven afortunada en todos los sentidos, nadie imaginaba en ese momento la cantidad de problemas psicológicos que sufría y que la arrastrarían hacia una vida llena de victimización y abuso. Este mismo año contrajo matrimonio por primera vez, y se casó con Alexis Mdivani, al que había conocido en una fiesta organizada en Biarritz en honor del diseñador Jean Patou. El matrimonio no duró más de 24 meses, en los que el supuesto príncipe georgiano se aprovechó de su herencia todo lo que pudo y más. Nada más divorciarse de él, Hutton cayó en las garras del conde Court Haugwitz-Reventlow, con quien tuvo su único hijo, Lance. Tuvo que soportar el despotismo verbal y físico por parte del conde, que alcanzó su clímax cuando este le propinó una paliza que la llevó directamente al hospital, tras lo cual él fue encarcelado. Su divorcio, en 1938, fue tan traumático para la *it girl* que, a pesar de que consiguió la custodia de Lance (para luego abandonarlo en manos de niñeras y colegios privados), le hizo empezar a padecer anorexia mientras comenzaba a buscar refugio en los medicamentos, el alcohol y las drogas.

La llegada de la Segunda Guerra Mundial la animó a instalarse por un tiempo en California, y desde allí lideró una de las fuentes de donaciones más importantes para el bando aliado durante el conflicto bélico. Gracias a esto, su imagen en la prensa comenzó a enderezarse y muy pronto su presencia en las mejores fiestas de Hollywood fue continua. Así fue como conoció al galán Cary Grant, de quien se enamoró locamente y con quien formó una pareja que en las crónicas sociales recibió el irónico, pero acertado, apodo de "Cash and Cary". Se casaron en 1942, y aparentemente Grant fue siempre el único marido que se preocupó por su estabilidad física y emocional, hasta que se cansó y pidió el divorcio en 1945, que obtuvo sin recibir ni un centavo de ella. Toda una evidencia de sus buenas intenciones con Hutton.

SU DECLIVE, PASO A PASO

Tras sus desventuras hollywoodenses, la rica *it girl*, ya convertida en auténtico icono de la moda gracias a su increíble guardarropa, decidió instalarse en París, donde conoció al que sería su siguiente marido, el príncipe ruso Igor Troubetzkoy. Con él se casó en 1948 y con él vivió la emoción de los comienzos de las carreras de Fórmula 1, ya que el ruso fue el primero que condujo un Ferrari en el Grand Prix de Mónaco. Tanta agitación debió de animar a Hutton a aumentar su consumo de alcohol y drogas, y en 1951 el príncipe ruso, más interesado en aumentar la potencia del motor de su bólido que en cuidar de su bella pero desequilibrada esposa, pidió el divorcio. El siguiente titular en la prensa se veía venir: intento de suicidio de Barbara Hutton. Destinada a seguir sobreviviendo a merced de hombres desalmados, conoció en 1953 al diplomático dominicano Porfirio Rubirosa, que en sus ratos libres ejercía de playboy, y con él formó un matrimonio de 53 días que, además, fue simultáneo al idilio que Rubirosa mantenía con la explosiva actriz Zsa Zsa Gabor. Para la ceremonia de la boda, Hutton se vistió de negro y como único complemento llevó en la mano izquierda un *scotch and soda*. El detalle transmite el estado mental en el que se encontraba por aquellos días. Tras este quinto enlace que hizo las delicias de la prensa sensacionalista, el siguiente en pasar por el altar fue el barón Gottfried von Cramm, viejo amigo y famoso tenista de origen alemán

La *socialite* Daisy Fellowes supo compaginar a la perfección su gran afición por la moda a nivel profesional con una respetable carrera como escritora de novelas y de poemas de corte épico.

que continuó dilapidando la fortuna de Hutton hasta que llegó su último consorte, el príncipe Raymond Doan, adoptado por la familia real del Reino de Champasak. ¿Que dónde se encontraba este reino? Poco importaba. Se casaron en 1966 en la residencia que Hutton poseía en Tánger y, una vez más, no duraron ni tres años mal contados.

Condenada a la soledad en compañía de gente que iba y venía recibiendo sus generosos donativos, Hutton recibió en 1972 el golpe que terminó por hundirla. El fallecimiento de su único hijo Lance en un accidente aéreo la retiró a vivir en el Beverly Wilshire Hotel de Los Ángeles, donde a los sesenta y seis años murió de un infarto. Se rumorea que cuando esto sucedió solo tenía 3.500 dólares en su cuenta, sin embargo, su inmenso patrimonio, formado por mansiones, joyas, vestidos, pieles, cuadros..., garantizó la continuidad de todas sus fundaciones hasta el día de hoy.

LA EDITORA DE MODA MÁS "IT"

Daisy Fellowes tuvo una vida radicalmente opuesta a la de Hutton. Heredera del imperio de las máquinas de coser Singer por parte materna, nació en París en el seno de una familia aristocrática con el "sencillo" nombre de Marguerite Séverine Philippine Decazes de Glücksberg en 1890. Tras el suicidio de su madre, fue educada junto a sus hermanos por su tía, la princesa Edmond de Polignac, una gran erudita en artes. Con solo veinte años se casó y tuvo tres hijos, pero se quedó viuda del príncipe De Broglie en 1918, cuando este falleció de gripe sirviendo en la Armada Francesa en Argelia (aunque rumores maliciosos apunten a que se suicidó porque su presunta homosexualidad iba a ser aireada en la prensa sensacionalista de la época). Ante tal fatalidad, Fellowes no tardó en encontrar un sustituto del príncipe y se casó con el banquero Reginald Fellowes, de quien adoptó el apellido y junto al que disfrutó de una placentera vida en la que la moda desempeñó un importante papel. Desde que debutara en sociedad y se casara por primera vez, Fellowes se convirtió en una de las *it girls* más admiradas de la alta sociedad europea, no sin antes cambiar su estilo (e incluso su nariz con una operación de cirugía estética sin anestesia), porque tras ver el retrato que el mismísimo Sargent le hizo a lápiz no estuvo conforme con su imagen. Nada más ser madre comenzó a escribir y logró cierta fama gracias a la publicación de varias de sus novelas y de un gran poema épico. Este trabajo literario y su gran elegancia al vestir le permitieron convertirse en la editora en París de la revista norteamericana *Harper's Bazaar*. Su gran belleza y buen gusto la animó a posar ante la cámara de los fotógrafos más conocidos de la *jazz age*: Cecil Beaton, Horst P. Horst y Edward Steichen, entre otros, captaron la capacidad de Fellowes para lucir los atuendos más originales de la época con unos niveles de sofisticación y extravagancia altísimos. La responsable de su rompedora imagen fue, cómo no, la diseñadora Elsa Schiaparelli, de quien se convirtió en la mejor clienta durante décadas tras dejar de comprar en Chanel. Conjuntos de día de estilo masculino, chaquetas de cóctel rematadas con pedrería, vestidos de noche de gasa estampada, bordados con brillantes lentejuelas o decorados con plumas, tocados de estilo art déco, todo ello formaba parte de un vestidor único, irrepetible, que sigue ejerciendo una enorme influencia en la moda actual. Y a todo ello había que añadirle la colección de joyas que poseía Fellowes, casi todas diseñadas por la casa Cartier, entre las que destacaba el impresionante collar Tutti-Frutti o Collier Hindou. Otras firmas, como Jean Schlumberger, Van Cleef & Arpels y Maison Boivin, dieron buena cuenta de su gran afición por las joyas, en especial por los grandes broches. ¿Un ejemplo para confirmarlo? En 1939 encargó varios a la vez, en forma de orquídea, de anillo de narciso, de camaleón, de margarita, de flecha, de ala de paloma y de hoja.

A pesar de los rumores que aseguraban que Daisy Fellowes poseía un apetito sexual voraz (asegurándose la presencia de varios amantes en cada una de sus residencias habituales), su vida fue todo un ejemplo de modernidad y clasicismo vistiendo, escribiendo y ejerciendo de anfitriona en las fiestas más apetecibles. Así fue como transcurrió su existencia hasta que en 1962 falleció por causas naturales a los setenta y dos años en su palacete de la parisina Rue de Lille.

Millicent Rogers llegó a convertirse en una gran *socialite*, un icono de la moda y una insaciable coleccionista de arte a lo largo de su breve pero intensa vida. Heredera de una fortuna proveniente del petróleo, destacó por reivindicar el legado cultural del sudoeste norteamericano, y se erigió en una de las grandes y primeras defensoras famosas de los derechos civiles de los nativos de esas tierras. Criada en Manhattan, desde muy pequeña sufrió problemas de salud y, aunque durante toda su vida siguió padeciéndolos, Rogers no dejó de convertirse en los años veinte en una de las chicas más deseadas tanto por las columnas de cotilleos como por las revistas *Vogue* y *Harper's Bazaar*. Como ocurre siempre con la mayoría de herederas que buscaron la

A pesar de los problemas de salud que padeció desde muy pequeña, la *socialite* Millicent Rogers consiguió salir adelante y convertirse en una de las *it girls* más solicitadas de la alta sociedad neoyorquina.

felicidad a través del matrimonio, Rogers se casó tres veces: con un supuesto aristócrata austríaco veinte años mayor que ella, con un rico hombre de negocios argentino y con un corredor de bolsa americano. De todos ellos se divorció y a todos ellos les impidió llevarse algo de su fortuna familiar gracias a los exigentes contratos prematrimoniales que les obligó a firmar. Ella era bella, pero nada tonta. De hecho, parece bastante obvio que principalmente se casó para satisfacer su deseo de ser madre; lo fue en tres ocasiones a pesar de los sucesivos ataques al corazón que padeció, un hecho fatal que tampoco le impidió disfrutar de la compañía de amantes tan conocidos como el actor Clark Gable, el escritor Ian Fleming o el mismísimo Príncipe de Gales. Cuando llegó la Segunda Guerra Mundial, Rogers se refugió en Suiza y, a su vuelta, decidió instalarse en una pequeña casa de adobe en Nuevo México. Fue entonces cuando decidió dejar a un lado su afición por el arte extranjero para centrarse en adquirir más de dos mil objetos provenientes de distintas tribus indias. Su lucha en Washington a favor de los derechos de estas tribus centró su actividad hasta que en 1953 falleció al no poder superar la operación que se le practicó tras sufrir un aneurisma. Si existe un icono de la moda que convirtió por primera vez todo lo étnico en algo chic, ese fue sin duda Millicent Rogers.

A **Mona Bismarck** le costó bastante más esfuerzo llegar a conseguir su acaudalado apellido de origen alemán. Nacida y criada en Kentucky, tuvo que casarse dos veces hasta conseguir dar con el marido ideal: aquel que fuera capaz de saciar su increíble apetito de moda... y joyas, claro. Ese tercer marido que la ayudó a comenzar su meteórica carrera como icono de la moda en los años treinta fue Harrison Williams, y antes de hacerlo pasar por el altar tuvo que robárselo a su prometida, su buena amiga Laura Curtis, con la que había abierto una tienda de ropa en Nueva York en 1926. Ahí queda eso. ¡Los 600 millones de dólares de la fortuna que poseía Williams fueron más fuertes que la excelente y poco sólida amistad que le unía a su amiga! Con su flamante pareja consiguió aparecer en todos los medios impresos al iniciar su luna de miel alrededor del mundo en el yate *Warrior*, considerado el más lujoso de los que existían en ese momento. Al regresar, la *it girl* comenzó a posar para los mejores fotógrafos de la época en sus residencias de Manhattan, Long Island, Palm Beach o, si era verano, en la villa Il Fortino de Capri, que en la Antigüedad había pertenecido al césar Augusto y al emperador Tiberio. ¿Podía haber algo más irresistible para el papel

Mona Bismarck persiguió la riqueza desde que consiguió escapar de su Kentucky natal. A través de un par de matrimonios hizo de su vida un cuento de hadas lleno de vestidos de alta costura y de valiosas joyas.

Antes de transformarse en una de las *it girls* más solicitadas por las revistas de moda más prestigiosas, Pauline de Rothschild tuvo que soportar una infancia y una adolescencia familiar parecidas a las de Cenicienta.

couché que una bella, elegante y rica dama posando en rincones que formaron parte de la historia del antiguo Imperio romano? En 1933 la dama en cuestión fue elegida la mujer mejor vestida del mundo, y no es extraño teniendo en cuenta que en su armario se amontonaban los vestidos de Chanel, Molyneux, Vionnet, Lelong y Lanvin. En 1936 el compositor Cole Porter le dedicó la canción "Ridin' High" y en 1943 Salvador Dalí pintó su famoso retrato titulado irónicamente *La condesa de Kentucky*. Atrás había quedado su imagen de *it girl* ambiciosa y controladora que incluso llegó a renunciar al único hijo que tuvo de su primer matrimonio por medio millón de dólares; su próximo y definitivo paso hacia la más absoluta felicidad material pudo darlo cuando su adinerado marido murió en 1953. Entonces, dos años más tarde, ella volvió a casarse con su "secretario" que, vaya casualidad, resultó ser nieto del canciller Otto von Bismarck.

El nuevo apellido le sentó a su original nombre de maravilla y, convertida en Mona Bismarck, dividió su vida entre su residencia neoyorquina, un apartamento en el parisino Hôtel Lambert y su villa de Capri. Como habitual clienta de las mejores *maisons* de alta costura de París, es famosa la anécdota que asegura que Bismarck, en 1968 y presa del pánico estético, se atrincheró en su villa de Capri por tres días cuando Balenciaga decidió abandonar la moda. La editora de moda de *Vogue*, Diana Vreeland, dio fe de ello en sus memorias. En 1970 volvió a enviudar y, para no sentirse demasiado sola, decidió volver a casarse por última vez con alguien que tenía, una vez más, muy a mano. Umberto de Martini, el médico de su difunto marido, fue el elegido y, al instante, fue convertido en conde gracias a la compra del título por parte de Bismarck al rey Humberto II de Italia. Catorce años más joven, Umberto desahogaba su impetuoso carácter participando en peligrosas carreras de coches, hasta que se mató en un accidente que la jet set de la época no tardó en bautizar con el nombre de "Martini on the rocks". Soltera y con más de ochenta años, Bismarck pasó los últimos años de su vida cerca de su gran amigo y confidente Truman Capote, hasta que falleció en 1983. Capote le rendiría homenaje unos años más tarde creando un personaje a su imagen y semejanza en su novela *Plegarias atendidas*.

UNA VIDA DEDICADA A LA MODA

Pauline de Rothschild fue una *it girl* de la alta sociedad que coincidió en algunos aspectos con sus coetáneas Hutton, Fellowes y Bismarck. Como la primera, tuvo un primer marido homosexual; como la segunda, gozó de su gran talento para la escritura; y como la tercera, llevó un apellido ilustre de origen europeo que le permitió pasar de chica a gran dama de la moda de la noche a la mañana. Nacida Pauline Potter, su árbol genealógico demuestra que fue descendiente de Pocahontas después de mil enrevesados lazos familiares. Potter se crió entre Estados Unidos y Francia y vivió épocas de desahogada situación económica, seguidas de otras en las que la pobreza llamaba a la puerta... mientras el amor saltaba por la ventana. El divorcio de sus padres hizo mella en su sensible personalidad, y también le obligó a aceptar una madrastra y dos hermanastras que no eran del todo agradables con ella. Quizá por eso, en 1930, con solo veintidós años, no dudó en casarse con un hombre que resultó ser homosexual y alcohólico. Con él se trasladó a vivir a Mallorca hasta que, sin descendencia alguna, se hartó y, definitivamente, decidió hacer de la moda su auténtica profesión.

Antes de casarse, Potter había sido *personal shopper* de ricas *socialites* en Nueva York. Por este motivo, en Mallorca también trabajó de asesora para algunas de las tiendas de moda visitadas por acaudalados turistas y no le fue difícil conseguir hacerlo también para la diseñadora Elsa Schiaparelli en sus tiendas de París y Londres. Vestida con sus creaciones, Potter comenzó a ser una habitual de las crónicas sociales y, a principios de los años cuarenta, se animó a volver a Nueva York para aceptar la dirección del departamento de moda de la conocida empresa Hattie Carnegie, mientras de vez en cuando posaba ante la prestigiosa cámara de Louis Dahl-Wolfe para *Harper's Bazaar*. Una vez más, su puesto de trabajo la puso en contacto con la alta sociedad y le permitió tener una larga lista de amantes que incluyó el director de cine John Huston, la rica heredera Isabelle Kemp, el gran duque Dimitri Romanov (que había sido uno de los asesinos de Rasputin) y el barón Philippe de Rothschild. Viudo y convertido en conocido playboy, además de poeta, el barón se enamoró al instante de una joven tan bella y tan elegante. Con él, Potter se transformó en Pauline de Rothschild y comenzó a escribir artículos sobre moda, viajes y *lifestyle* en *Harper's* y durante la última etapa de su vida, en *Vogue*. En 1976 un fulminante ataque al corazón acabó con ella en el lobby del Hotel Biltmore en Santa Bárbara, California. Dejaba tras de sí una vida dedicada a la moda y un legado de elegancia que sigue ejerciendo una gran influencia en la actualidad.

La última de las primeras *it girls* destacables de la alta sociedad fue **Gloria Vanderbilt**. Heredera de una gran fortuna cuando

El personaje femenino principal de la novela de Truman Capote *Desayuno en TIffany's*, que luego interpretó Audrey Hepburn para la gran pantalla, está basado en la belleza y el estilo personal de Gloria Vanderbilt.

falleció su padre, magnate de la construcción del ferrocarril, Vanderbilt destacó en su juventud por su gran talento para la actuación y el arte. Estudió ambas disciplinas en Nueva York e intentó abrirse paso en Hollywood, aunque sin éxito. Por este motivo decidió dedicarse a la moda profesionalmente a partir de los años setenta, tras haberse casado en cuatro ocasiones y haber mantenido relaciones con amantes como Marlon Brando, Frank Sinatra o Howard Hughes. Quizá debido a esta intensa vida sentimental, Truman Capote no dudó en afirmar que el personaje de Holly Golightly, de su obra *Desayuno en Tiffany's* estaba basado casi en su totalidad en la belleza y estilo personal de Vanderbilt. Su firma de moda, con un cisne como logo, fue poco a poco creciendo hasta convertirse en una de las más populares en todo el mundo, dedicada tanto a prendas de todo tipo como a cosmética y perfumes. A pesar de su gran timidez, Vanderbilt fue una de las primeras diseñadoras en realizar numerosas apariciones públicas para promocionar sus propuestas, y cada vez que lo hacía daba una lección de estilo y elegancia. Además de dedicarse a la moda, y tras casarse con su cuarto marido, el escritor Wyatt Cooper, Vanderbilt se animó a probar suerte en la literatura, aventurándose en la escritura de sus memorias. Después llegó a publicar tres novelas y a convertirse en asidua colaboradora de revistas como *Vanity Fair*, *Elle* y *The New York Times*. Con noventa años, Gloria Vanderbilt es una superviviente de la alta sociedad de antaño y sigue disfrutando de su apasionado amor por las artes, sea cual sea su naturaleza.

A LA SOMBRA DE TRUMAN CAPOTE

Algunas de las *it girls* más interesantes de la alta sociedad neoyorquina se agruparon en torno a la figura de uno de los escritores que mejor supo captar su esencia a través de sus obras. El ya citado Truman Capote, al igual que el estilista y fotógrafo Cecil Beaton, poseyó una extraña capacidad para mantener revoloteando a su alrededor a algunas de las más populares *socialites* durante los años cincuenta y sesenta. El trío formado por Babe Paley, C. Z. Guest y Slim Keith se movía en la estela del escritor, y fue denominado con el término de *swans* (cisnes), referido a mujeres con una enorme sensibilidad hacia todo lo creativo que disponían de tiempo y de grandes sumas de dinero para gastar. Ante el poco caso que solían hacerles sus maridos, el criterio de Capote siempre les servía de buena referencia a la hora de elegir modelos, comprar obras de arte o redecorar sus casas. Habituales de las mejores revistas, su estilo no solo las convirtió en modelos para miles y miles de seguidoras, sino que también fue un auténtico generador de tendencias que influyó en la manera de diseñar de algunas de las firmas más importantes de la época. Si hubiesen gozado de tal popularidad en la actualidad, sus cuentas en las redes sociales habrían echado humo cada vez que hubiesen pisado la calle o hubiesen asistido a algún evento.

Babe Paley nació en Boston, con el nombre de Barbara Cushing, en el seno de una acomodada familia. Allí fue presentada en sociedad en 1934 y, cuatro años más tarde, Paley ya se encontraba en Nueva York trabajando para *Vogue* como editora de moda. Esta profesión le procuró la posibilidad de acceder a los diseños más exclusivos de finales de los años treinta, un momento previo a la Segunda Guerra Mundial que aprovechó al máximo para convertirse en una de las chicas más invitadas a las mejores fiestas de Manhattan y conseguir que, en 1941, la revista *Time* la votara la segunda mujer mejor vestida del mundo tan solo tras la duquesa de Windsor. Durante el conflicto bélico, Paley se casó con un rico heredero del petróleo y tuvo sus dos primeros hijos, a los que no prestó excesiva atención ya que estaba demasiado centrada en su constante búsqueda de un estatus social más elevado. Finalizada la guerra, Paley volvió a casarse, esta vez con el fundador de la discográfica CBS, William S. Paley, y así consiguió un marido mucho más rico que además se dedicaba a algo creativo y que estaba de acuerdo en relacionarse socialmente una noche sí, una no. De Paley adoptó el apellido y tuvo otros dos niños a los que también prestó muy poca atención.

REINA DE LOS ESTILISMOS INESPERADOS

Sin embargo, lo que parecía un matrimonio perfecto resultó no serlo debido a las constantes infidelidades de su marido, así que Paley comenzó a sufrir la presión del escrutinio público constante por parte de la prensa y de la clase social en la que se movía. Este estrés devino en un consumo compulsivo de cigarrillos y en una falta de sueño que en nada convenían a su imagen de diosa de la alta sociedad. Según palabras del propio Capote, "Babe Paley solo tenía un gran defecto... ser perfecta, demasiado perfecta". Sus malos hábitos de salud la llevaron a fallecer de cáncer de pulmón en 1974 en su elegante apartamento de St. Regis. Su condición de icono de la moda perduró para siempre gracias a su afición por comprar enteras las colecciones de alta costura que presentaban en París firmas como Givenchy o Valentino. También fueron muy populares sus insólitas propuestas estéticas, seguidas al instante por miles de

Tras trabajar como editora de moda en la edición americana de *Vogue*, Babe Paley pasó de ser una *it girl* habitual de las fiestas de la Gran Manzana a convertirse en un auténtico icono de la moda a nivel nacional.

mujeres, como, por ejemplo, atar un pañuelo de seda estampado a su bolso de mano, mezclar sofisticadas piezas de joyería de Fulco di Verdura con sencillísimos vestiditos de cóctel o soltar su melena gris sin querer aplicarle ningún tinte. Babe Paley era mucho más que los lujosos vestidos que pudiera lucir; era una perfecta combinación de peinado, maquillaje, prendas de vestir y joyas que nunca resultaba excesivo pero que siempre dejaba que su fuerte personalidad destacara ante todo.

Slim Keith formaba también parte del trío de compañeras inseparables de Capote (hasta que este publicó *Plegarias atendidas* y narró sus experiencias en común como parte de la trama). Famosa por su extrema delgadez, de ahí el sobrenombre de Slim, Nancy Keith nació en California y con solo veintidós años ya apareció como modelo en la portada de *Harper's Bazaar*. Su atlética figura y su pelo rubio la convirtieron en el primer ejemplo de *California girl* de la historia, y su fama como chica *it* comenzó en Hollywood, no en Nueva York. Allí era muy habitual verla acudir a fiestas del brazo de Cary Grant o de Gary Cooper, y allí fue donde conoció al que sería su primer marido, el director de cine Howard Hawks. Las continuas deslealtades de Hawks acabaron con la pareja y animaron a Keith a trasladarse a Manhattan. Allí se casaría por segunda vez, en esta ocasión con el amor de su vida, Leland Hayward, y formaría una familia que fue feliz durante 12 años, hasta que él la dejó por otra *socialite* más poderosa, Pamela Churchill. Hundida por el abandono, Keith no dudó en aceptar la propuesta de matrimonio del banquero británico Kenneth Keith a pesar de no amarlo realmente. Con él mantuvo durante diez años una apacible pero desapasionada convivencia, mientras su elegancia iba en aumento a medida que pasaban los años. Como su íntima amiga Babe Paley, Slim Keith fue una empedernida fumadora, y este vicio la llevó a contraer el cáncer de pulmón que acabó con su vida a los setenta y dos años.

LAS INICIALES DE UN ESTILO ÚNICO

Completa el trío de *swans* un nombre con las iniciales más famosas de la alta sociedad norteamericana: **C. Z. Guest**. Nacida con el nombre de Lucy Douglas Cochrane, esta actriz de teatro, columnista, amazona, diseñadora de moda y *socialite* representa el culmen de lo que una *it girl* podría aspirar a ser a mediados del siglo XX. Las iniciales de su nombre reproducen la pronunciación del apodo con el que su hermano la llamó desde pequeña: Sissy. En 1947 se casó con el aristócrata británico Winston Guest y transformó su nombre en el más sofisticado del panorama

El cisne llamado Slim Keith fue una esbelta mujer de cabello rubio y ojos azules que nació en la Costa Oeste norteamericana y se convirtió en el primer ejemplo de *California girl* de la historia de la moda.

C. Z. Guest sigue siendo considerada por la alta sociedad neoyorquina como la mejor anfitriona de cócteles que jamás haya existido, gracias a su inmensa elegancia y a su inigualable corrección en el trato social.

social de la época. Su belleza y elegancia hicieron el resto. Fotografiada en numerosas ocasiones para las revistas de moda más prestigiosas y retratada por pintores tan dispares como Dalí, Rivera o Warhol, Guest fue, ante todo, una gran dama de la moda y de la jardinería, su gran debilidad y sobre la cual escribió varios libros que son considerados clásicos en la materia. Entre todas las firmas que llenaban su amplio vestidor, Mainbocher fue siempre su preferida y, aparte de Capote, otros nombres como los de los duques de Windsor, el matrimonio Paley, Gloria Guinness, Barbara Hutton, Cecil Beaton o Diana Vreeland formaban parte de sus listas de invitados cuando organizaba los cócteles más correctos de la Gran Manzana. Al contrario que sus compañeras de tertulia junto a Capote, Guest jamás hizo gala de estar enganchada a ningún hábito que pudiera afectar negativamente a su salud. Por este motivo vivió una tranquila existencia (por una vez, sin múltiples matrimonios a lo largo de ella) hasta que falleció por causas naturales a los ochenta y tres años.

DOS HERMANAS, UN SOLO ESTILO

Aparte de los tres cisnes que hemos citado, en la década de los cincuenta cabría destacar tres nombres más que dieron a la condición de *it girl* un nuevo significado. Por una parte, estaban las **hermanas Bouvier**, **Jacqueline** y **Lee**. La primera estaba destinada a convertirse en uno de los tres grandes iconos de la moda de todos los tiempos (junto a Audrey Hepburn y Grace Kelly) y en la primera dama más popular de la historia. Sin embargo, antes de convertirse en Jacqueline Kennedy se apellidaba Bouvier y era una *it girl* de la alta sociedad neoyorquina. Hija de padres con ancestros irlandeses, escoceses y franceses, su belleza resultaba realmente llamativa, con unos rasgos muy rectos y una delgadez natural muy elegante. En 1947 debutó en sociedad y al instante el columnista del grupo editorial Hearst la definió como la "debutante del año" sin lugar a dudas. Experta amazona desde muy pequeña, Jacqueline decidió realizar sus estudios universitarios en Francia, concretamente en la Universidad de Grenoble y en la Sorbona de París. Cuando regresó, su estilo único al vestirse, siempre sin llamar mucho la atención, la catapultó a las páginas de sociedad. En 1951, tras graduarse en Washington, realizó un viaje por Europa con su hermana Lee y aprovechó para escribir un libro sobre él titulado *One Special Summer*, en el que también demostró una gran habilidad para dibujar. En este libro es donde puede verse claramente que las hermanas Bouvier eran grandes referentes para la moda de su época; vestidas para el día en plan sport o para la

Las hermanas Bouvier, Jacqueline y Lee, realizaron en 1951 un largo viaje por Europa que dio lugar a un exitoso libro titulado *One Special Summer*, en el que la moda es una de las grandes protagonistas.

Dolores Guinness

Convertida en una de las *it girls* favoritas de la moda, Dolores tuvo en su madre, Gloria Guinness, a la mejor de las maestras en lo que a elegancia se refería. Ambas formaron un dúo imbatible en las páginas de las más prestigiosas revistas de la época.

noche muy elegantemente, su manera de lucir prendas y accesorios captó desde el primer momento la atención de las revistas de moda. Una vez Jacqueline conoció a John F. Kennedy en 1952, dio comienzo una historia que, tanto para ella como para su hermana Lee, supondría el paso a una posteridad pública de dimensiones estratosféricas.

Dolores Guinness fue una *socialite* que tuvo una maestra de excepción: su propia madre, Gloria Guinness, otra habitual compañía del escritor Truman Capote. En este capítulo dedicado a las *it girls* de alta alcurnia podríamos haberla incluido, sin embargo, es curioso como su hija, Dolores, ensombreció con su gran belleza y elegancia la actuación de su propia madre en los círculos más elitistas de la sociedad. Aun así, el dicho "de tal palo, tal astilla" podría aplicarse a este singular caso. De origen alemán y perteneciente al aristocrático clan de los Fürstenberg, Dolores fue una chica precoz que se casó con diecinueve años y tuvo tres hijos a continuación. Durante el feliz matrimonio con su primer marido (que falleció en un accidente de automóvil en 1965), la presencia de Dolores en revistas como *Vogue*, *Harper's Bazaar*, *Town & Country* y *Life* fue constante, vestida con los más sofisticados modelos de firmas como Givenchy, Christian Dior, Yves Saint Laurent o Balenciaga y posando ante la cámara de Bert Stern, Cecil Beaton, Mark Shaw, Richard Avedon y William Klein. Nada más y nada menos. Así pues, el currículum visual de Dolores Guinness es uno de los más completos de la historia y, obviamente, le ayudó a convertirse en una de las *it girls* y *socialites* más solicitadas por el mundo de la moda.

Por último, y antes de entrar en la década de los años 70, cabe añadir a las mujeres *swan* mencionadas un nombre más, el de **Marella Agnelli**. Resulta agradable escapar por fin de Nueva York para aterrizar en Italia y encontrarse con una mujer que desde su más tierna adolescencia fue uno de los personajes más fascinantes de la historia de la moda. Nacida en Florencia como la princesa Donna Marella Caracciolo di Castagneto en 1927, su buen gusto por la moda y el arte hizo siempre de ella un referente imprescindible para la alta sociedad del siglo XX. Educada en París, tras graduarse viajó a Nueva York y se convirtió en la ayudante del gran fotógrafo de moda Erwin Blumenfeld, mientras comenzó a colaborar como fotógrafa y editora con la revista *Vogue*. En esta época previa a su matrimonio con el fundador de la Fiat, Gianni Agnelli, formó parte del grupo de mujeres que compartían fiestas y tertulias con Capote. De hecho, este le otorgó el llamativo título de "European swan number one" por su innata elegancia italiana y sus grandes

Nacida en Florencia, Marella Agnelli estableció por primera vez un cercano vínculo con la moda gracias a un primer trabajo como ayudante del famoso fotógrafo Erwin Blumenfeld en el ajetreado Nueva York de los años cincuenta.

dotes como anfitriona en los inolvidables cócteles donde reunía a lo más granado de la sociedad neoyorquina. Comparada con una joya por Capote, el escritor siempre afirmó que si fuera expuesta en una vitrina de Tiffany's junto a su amiga Babe Paley, Agnelli sería una pieza muchísimo más cara. La vida de Marella Agnelli siempre transcurrió tranquila en el ámbito familiar, regida por las inamovibles reglas del matrimonio entendido a la italiana desde el punto de vista más tradicional posible, y en ella el arte nunca dejó de ocupar un lugar muy especial; su afán por coleccionar obras de artistas modernos tan emblemáticos como Picasso, Renoir o Matisse dio lugar a una increíble pinacoteca que, en la actualidad, se conserva en un lugar asombroso, el ático de la fábrica que Fiat posee en Turín.

El matrimonio Barnard formó ante los incansables paparazzi una de las parejas *it* en la década de los setenta, siempre vestidos a juego con prendas y accesorios de firmas *made in Italy* tan lujosas como Gucci.

LOS AÑOS SETENTA AL RITMO DE LA JET SET

Tras haber recorrido varias décadas seleccionando aquellas *it girls* de buena familia que protagonizaron páginas y páginas de papel couché mostrando la mejor moda del siglo pasado, llegamos a la última década en la que los conceptos "alta sociedad" o "café society" tuvieron verdadero sentido en los medios de comunicación, transformados en un término mucho más acorde con el lenguaje de los setenta: jet set.

Los continuos viajes en avión de los miembros de la alta sociedad dieron lugar a una expresión atribuida al periodista de sociedad Igor Cassini. Este grupo era fiel a una agenda que les obligaba a hacer acto de presencia en lugares clave durante ciertas épocas del año. St. Tropez, Porto Cervo, Gstaad, Moustique, Acapulco, Nassau, Portofino, Capri, Mykonos, Marbella o Cannes eran paraísos de ensueño para disfrutar del buen tiempo que, junto a ciudades como París, Roma o Nueva York, se convertían en los sitios donde dejarse ver y dejarse fotografiar en buena compañía, tanto por el día como por la noche. En este ambiente tan hedonista y al ritmo de la música disco, debo destacar la figura de dos *it girls* que, a bordo del Concorde, lucieron estupendas acompañadas de sus flamantes y ricos maridos.

La primera fue **Barbara Barnard**, una chica de muy buena familia (heredera de una acaudalada familia alemana) que decidió casarse con tan solo diecinueve años con el famosísimo cirujano Christian Barnard, primero en realizar un trasplante de corazón en la historia. Pese a la oposición de sus padres, Barnard no renunció a su amor hacia el doctor, ignorando la fama de playboy que arrastraba desde su primer divorcio. Con él tuvo dos niños a lo largo de los años setenta y con él supo lo que es desconfiar continuamente de la persona que está a tu lado. Mientras todo esto ocurría, Barbara Barnard se fue convirtiendo en una de las *it girls* más admiradas por su excelente gusto a la hora de vestir. De una belleza un tanto masculina, siempre conseguía suavizar su imagen con prendas vaporosas que resaltaban su feminidad. Por el día, acorde con las tendencias de moda para la mujer que apostaban por reinterpretar para ellas las prendas más populares entre los hombres, su estilo era mucho más sport y muy parecido al que podía lucir su marido. La conexión entre Barbara Barnard y la moda llegó a ser muy fuerte, divulgada a través de revistas tan populares como *¡Hola!*, pero en 1982 Barnard se divorció del infiel médico y eligió una vida alejada del ojo público junto a sus hijos, dejando atrás una estela fascinante como *it girl*.

La segunda *it girl* que acabó destacando en los ambientes más elitistas a pesar de su condición humilde fue la modelo **Mirja Larsson**, convertida en Mirja Sachs tras su matrimonio con el rico empresario y playboy Gunter Sachs. Al contrario que en el caso de Barbara Barnard, Sachs consiguió calmar la capacidad seductora de su marido y disfrutó junto a él de una feliz convivencia. Dueña de una belleza nórdica que en los años setenta resultaba arrebatadora, Sachs consiguió aparecer una y otra vez en portadas de revistas que alababan siempre su sensual y original manera de vestirse. Cualquier prenda que luciera se convertía al instante en un éxito de ventas y esto, lógicamente, atrajo a las firmas de moda, que vieron en ella el perfecto prototipo de *it girl* proveniente de una jet set que gozaba de una época dorada.

LAS DOS CARAS DE LOS AÑOS OCHENTA

A lo largo de seis décadas la alta sociedad nutrió de *it girls* el panorama social, justo hasta que, a partir de los años ochenta, dejarse ver y querer por los medios de comunicación dejó de resultar tan interesante. En ese preciso momento entró en una época en la que la discreción se convirtió en la regla de oro de una clase social que siempre había estado acostumbrada a ser protagonista de columnas y reportajes. Sin embargo, hubo algunas excepciones a la regla, estuvieran de acuerdo o no. En el caso de **Carolina de Mónaco**, al menos al principio de su popularidad, su actitud fue muy positiva y hedonista. Como hija de Rainiero y Gracia de Mónaco, cuando era adolescente sus estudios de filosofía en la Sorbona de París le permitieron empezar a mostrar su cara *it*. A mediados de los años setenta la joven Carolina poco a poco se iba dejando querer por la noche parisina mientras acudía al Principado para cumplir con sus obligaciones con motivo del Baile de la Rosa, el Baile de la Cruz Roja, el Grand Prix o las celebraciones del Día Nacional.

Dejando a un lado su faceta más monegasca, en París la princesa se sentía libre e importante, vestida siempre con lo último de firmas como Yves Saint Laurent, Pierre Cardin o Guy Laroche. Acudiendo a las mejores fiestas vip, Carolina se fue labrando una gran popularidad en las revistas de sociedad y consiguió su primera portada en *Vogue Paris*. Fue entonces cuando apareció en escena el agente de banca y playboy Philippe Junot, y al instante se formó una pareja *it* que captó toda la atención mediática de la época en Europa. Entre carreras frente a los paparazzi, lucrativas exclusivas, impecables looks, noches de fiesta y días de sol, Junot convirtió en mujer a la Carolina *it girl* y llegó en el momento más adecuado. Aunque

La belleza de Mirja Sachs, lucida en lugares de veraneo de la jet set como St. Tropez, era imponente, y su manera de vestirse fue todo un referente para una generación de chicas que se atrevían con lo hippy en clave chic.

En sus inicios, el estilo de Carolina de Mónaco fue muy almibarado, evitando looks que resultaran demasiado llamativos. Todo cambió cuando conoció a su primer marido, Philippe Junot, y su fascinante belleza emergió.

luego el matrimonio durara tan solo dos años, fue una época inolvidable para una princesa que, a menudo, resultaba aburrida y necesitaba soltarse. Con Junot lo hizo y demostró el poderío que poseía para, por ejemplo, posar ante Andy Warhol o Helmut Newton y protagonizar nuevas portadas de *Vogue Paris* cargadas de personalidad, de *savoir faire* y de elegancia en sintonía con una nueva década, la de los años ochenta, que la vio lucirse vestida de Mugler, Lacroix, Montana, Alaïa, Saint Laurent o Chanel by Karl Lagerfeld, ¡las mejores firmas parisinas a los pies de Carolina para hacer de ella un auténtico icono de la moda! Atrás quedaba su frescura como *it girl* junto al Sena, mezcla de ingenuidad y sensualidad, a mil años luz de la belleza implacable de su madre, pero mucho más cerca del ideal de belleza joven y moderno que imperó en Europa hace ya treinta años.

LOS EXCESOS DE LA PRINCESA TNT

En el polo opuesto de la discreción y contención que siempre caracterizó el comportamiento de Carolina de Mónaco estaba la princesa **Gloria von Thurn und Taxis** (o "princesa TNT", su apropiado apodo en la alta sociedad ochentera). Antes de conseguir casarse con Johannes, undécimo príncipe de Thurn und Taxis, esta aristócrata de fortuna más bien reducida llegó a trabajar de camarera en una estación de esquí de St. Moritz. Una vez desposada, su exuberante y barroco sentido de la moda afloró para deleitar a toda la alta sociedad europea con los looks más estrambóticos de los años ochenta. Con ella, el eslogan "more is more" cobró verdadero sentido, y gracias a sus looks *shocking* ganó una popularidad que siempre le garantizaba la portada de la revista alemana *Bunte* y la aparición en las columnas de cotilleos del *Sun* británico o de *Paris Match*.

Como princesa punk, Von Thurn und Taxis hizo tambalear los cimientos de la aristocracia con propuestas firmadas por *enfants terribles* de la moda como Mugler, Gaultier o Lacroix, y con peinados y maquillajes que eran más propios de un baile de máscaras que de la recepción de turno entre la realeza europea. Lo más destacable de todo esto es que la princesa alemana, en todo momento, hizo caso omiso de las críticas y siguió vistiéndose "a su manera" tanto en las casas reales como en las discotecas que en aquella época triunfaban. A Von Thurn und Taxis le iban mucho, mucho las fiestas, y en ellas no dudaba en bailar con estrellas de la talla de Mick Jagger o Michael Jackson, a los que admiraba realmente a pesar de

En los excesivos años ochenta, la princesa Gloria von Thurn und Taxis llamó tanto la atención por su atrevimiento al vestir que pasó a ser llamada por los medios impresos la princesa punk o, directamente, la "princesa TNT".

los estrictos principios que regían su vida de católica practicante, unos principios que, la verdad, para dirigir su familia le funcionaban de maravilla. La moda para ella era pura diversión y, en una década en la que el exceso fue la tónica general, su aportación como *it girl* rebelde de la jet set fue única e irrepetible.

LA TRAGEDIA MARCÓ LOS AÑOS NOVENTA

Frente a la exageración de los ochenta, el estilo minimalista de la década posterior nos regaló la última *it girl* rica y famosa que pasó a la posteridad tras una gran tragedia: **Carolyn Bessette**. Tras graduarse en la Universidad de Boston, Bessette trabajó un tiempo como vendedora en la tienda de Calvin Klein de la misma ciudad, hasta que la firma le ofreció trasladarse a sus oficinas de Nueva York para dedicarse a llevar sus relaciones con la prensa. Fue entonces cuando conoció al amor de su vida, John F. Kennedy Jr. "John-John", con quien formó una de las parejas más perseguidas de la Gran Manzana. Frente a su apartamento de Tribeca siempre había un buen grupo de paparazzi, ansiosos por inmortalizar el nuevo look minimal de Bessette, convertida en toda una *it girl* por las revistas más prestigiosas. Incómoda con la gran atención que suscitaba, la joven no podía evitar recordar con su actitud todo lo que Jackie Onassis tuvo que soportar a lo largo de su mediática vida.

En 1996, John-John y Carolyn (vestida de Narciso Rodriguez, no de Calvin Klein) se casaron en la más estricta intimidad, y su comportamiento con la prensa comenzó poco a poco a relajarse. La joven integrante de la alta sociedad, ya formando parte del clan político más importante de Estados Unidos, fue sonriendo ante un futuro que la situaba en una posición privilegiada ante la opinión pública. ¿Había conseguido John-John casarse con la que podría ser la perfecta primera dama junto a él en un futuro próximo? Probablemente sí, y sus apariciones en los eventos neoyorquinos más importantes se convertían en grandes acontecimientos. Cuando todo parecía de color de rosa para la pareja más *it* de los noventa en Nueva York, se produjo la tragedia. Caía la noche el 16 de julio de 1999 y la pareja, acompañada por la hermana mayor de Bessette, debía acudir a la casa de los Kennedy en Martha's Vineyard para asistir al día siguiente a una boda familiar. El tiempo no era nada bueno y, a pesar de las advertencias que le hicieron a John-John, este se empeñó en pilotar su avioneta. Con ella acabaron en el fondo del Atlántico frente a la

Convertida en *it girl* por su matrimonio con John F. Kennedy Jr., la joven Carolyn Bessette pasó de ser una joven integrante del equipo de trabajo de Calvin Klein a ser una de las chicas de la alta sociedad más perseguidas.

costa del lugar donde se supone que debían haber llegado sanos y salvos. Con el accidente, una nueva tragedia sacudía a una familia rota por el dolor a lo largo del siglo XX, y se iba una *it girl* que no solo brillaba por su belleza y estilo propio, sino también por su dulzura y su sensibilidad por los problemas de los demás.

rebeldes y malditas

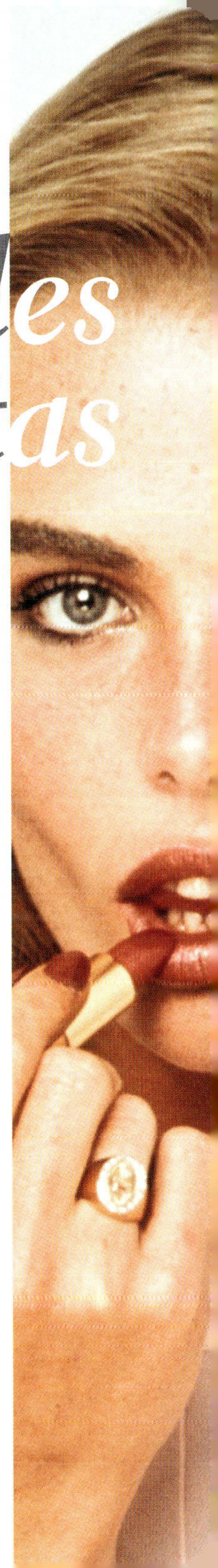

desde principios del siglo XX, como hemos podido comprobar, no todas las *it girls* tuvieron una existencia placentera. Algunas de ellas acabaron sus días destruidas por las adicciones o cayeron en desgracia a pesar de su belleza y gran personalidad, o quizá por ellas. En los años sesenta, setenta y ochenta estos casos se multiplicaron. Y no es extraño que esto ocurriera. Hablamos de tres épocas marcadas por los excesos diurnos y nocturnos, tres décadas que cambiaron el panorama cultural y lo convirtieron en algo más provocador y efervescente. Los *swinging sixties* mostraron, por primera vez, la cara de una contracultura caracterizada por su oposición a todo lo que las instituciones habían aconsejado hasta el momento. Desde la familia, la Iglesia, la universidad o el gobierno se promulgaba un estilo de vida que no conectó con una juventud surgida del baby boom que se produjo tras el final de la Segunda Guerra Mundial. Esta juventud vivió una infancia marcada por la doble moral que rigió la década de los cincuenta, según la cual todo debía ser impecable y debía seguir las normas de los protocolos establecidos. Como si de una función teatral se tratara, la sociedad occidental, totalmente traumatizada por el horror de la última gran guerra, se empeñó en diseñar a medida un estilo de vida que mostrara solo lo bonito de la sociedad y escondiera tras el telón lo supuestamente polémico o deleznable y, a la vez, real, muy real. Los anuncios protagonizados por familias perfectas, con mascotas perfectas incluidas, eran el pan de cada día en una escenografía que rayaba el surrealismo estético.

Films estupendos como *Eduardo Manostijeras*, de Tim Burton, o *Lejos del cielo*, de Todd Haynes, y series de gran éxito como *Mad Men* han mostrado a la perfección esta falsa realidad de los cincuenta que solo trajo malas consecuencias. Los sesenta se encargaron de dinamitar esta fachada con una buena dosis de rebeldía a ritmo de rock'n'roll.

¡VÁMONOS DE BOUTIQUES!

La música que, años antes, empezó a acaparar los primeros puestos de las listas de éxitos gracias a Elvis Presley y a un buen número de artistas que surgieron a su imagen y semejanza explotó en la siguiente década, creada por nuevos músicos que se convertirían en iconos de una nueva cultura audiovisual. Los Beatles, los Rolling Stones, The Who, Bob Dylan, Jimi Hendrix, Janis Joplin o The Doors cantaban aquello que se quería escuchar y, si era posible, se seguía su rastro a través de conciertos en apoteósicas giras, un fenómeno que dio lugar al surgimiento de las groupies, chicas de buena familia, cuya figura se parecía a la de las *it girls*, que dejaban todo atrás para seguir a sus ídolos e intentar convertirse en sus parejas al menos durante un breve tiempo. Tras la poderosa música que pretendía lograr un mundo mejor, más sincero y humano, se produjo el nacimiento de un nuevo ámbito empresarial controlado por jóvenes y destinado a jóvenes: clubes, tiendas de discos, tiendas de pornografía, revistas underground, agencias de viajes, colectivos artísticos y, cómo no, boutiques.

Las tiendas de ropa en los sesenta se organizaron por primera vez del modo en que las entendemos ahora. En ellas se podía encontrar todo aquello que era considerado tendencia, en ellas se escuchaba de fondo la música que se llevaba, en ellas también se encontraba la gente que conectaba con la nueva cultura. Así pues, en boutiques como las londinenses BIBA o Granny Takes a Trip se reunía la flor y nata que defendía una nueva moda mucho más atrevida y asequible económicamente. Con la minifalda y los minivestidos como "armas" para luchar contra los convencionalismos, las chicas más *in*, *cool* o *hot* mostraron a las firmas de moda consolidadas una nueva forma de vestirse que nada tenía que ver con lo anterior. Al instante, las firmas reaccionaron y desde París surgió el término que marcaría un antes y un después en la historia de la moda: el *prêt-à-porter*. Con él, los trajes a medida se relegaban a un segundo plano para dar prioridad a creaciones mucho más comerciales que llegaban a casi todas las clases sociales a través de grandes almacenes y cadenas de tiendas que ya realizaban versiones de las ideas surgidas de los nuevos diseñadores que cotizaban al alza. Mary Quant, Pierre Cardin, Courrèges, Paco Rabanne o Guy Laroche fueron los encargados de plastificar y metalizar la moda, de conectarla con las nuevas tendencias pop del arte. Estampados op art, panties de colores eléctricos, zapatos planos, prendas de abrigo geométricas, vestidos lolita, todos ellos invadieron las tiendas de King's Road y Carnaby Street, invitando a las chicas a vestirse para no parecerse a sus madres. El canon de belleza se infantilizó y se mostró más fresco e inocente que nunca; tras esta supuesta inocencia se escondían largas noches de fiesta y muchas ganas de experimentar con todo tipo de sustancias y de sexo. Esta actitud tan audaz y a menudo inconsciente se fue radicalizando a medida que la década avanzaba. A mediados de los sesenta, las flores de plástico se convirtieron en flores naturales y surgió el *flower power* para dar la bienvenida a la nueva cultura hippy, muy alejada del estilo mod que había triunfado hasta el momento.

Y LA BURBUJA HIPPY ESTALLÓ

Con el movimiento hippy se comenzó a protestar activamente contra las diferencias raciales, la intolerancia, el machismo y, finalmente, la horrible guerra del Vietnam. Estados Unidos vivió las dos caras de una misma moneda. Por una parte, la fuerte politización de una juventud harta de promesas incumplidas y de no entenderse con las autoridades, dispuesta a luchar contra lo establecido con manifestaciones pacíficas que normalmente terminaban en disturbios; por la otra, el ambiente de la costa californiana, donde se vivían los "veranos del amor" y se acuñaba el lema "haz el amor y no la guerra" como mensaje universal para intentar cambiar la sociedad desde el pacifismo más absoluto (y más colocado de marihuana o LSD, todo hay que decirlo). Ambas posiciones se complementaban y emprendieron una lucha infatigable que terminó estallando de un modo sangriento en ciudades como París o Praga.

En un contexto tan agitado, no es extraño que las nuevas *it girls* vivieran sus vidas al límite. Uno de los ejemplos más interesantes fue el de la modelo alemana **Uschi Obermaier**. Llamada a convertirse en una de las topmodels más solicitadas de los años sesenta

La modelo Uschi Obermaier fue la primera en posar completamente desnuda para una publicación no erótica frente a la cámara de Helmut Newton y mientras vivía en una de las comunas hippies berlinesas más populares.

y setenta, su actitud personal ante la vida fue todo lo revolucionaria que pudo ser en aquella época. Considerada la más bella integrante de todas las comunas hippies en Alemania, Obermaier buscaba una forma de vida opuesta a la de sus padres; en la Kommune 1 de Berlín, junto al ideólogo Rainer Langhans (con quien formó la versión alemana de John Lennon y Yoko Ono), decidió vivir con una "nueva familia" con la que compartía su existencia al completo y vivía según el principio del placer, probándolo todo para experimentar y luego sacar conclusiones filosóficas y políticas. No hace falta insistir mucho en que la aparición de la píldora anticonceptiva en 1961 ayudó a que chicas como Obermaier tomaran la drástica decisión de llevar este estilo de vida. Sin ella no se habría producido la revolución sexual que ocurrió en los años sesenta. Sin embargo, la propia píldora se convirtió en una especie de "enemigo" para chicas como Obermaier, forzada a mantener relaciones sexuales con múltiples integrantes de su comuna (e ilustres invitados como Jimi Hendrix) a todas horas. Con la píldora parecía ya no haber excusa para negarse, pensaron los hombres, y las mujeres se encontraron indefensas ante tal tesitura. Así pues, una supuesta emancipación femenina acabó por volverse contra las propias mujeres en una coyuntura de máxima liberalidad. Por este motivo, muchas decidieron atrincherarse en grupos de reivindicación feminista que a lo largo de los años setenta se hicieron más y más radicales.

Obermaier nunca formó parte de este movimiento y repitió una y otra vez que ella no se consideraba una feminista, sino más bien una mujer que hacía exactamente lo que le daba la gana. Y bien cierto que lo hizo. Descubierta por la revista *Twen*, la primera publicación refinada y en papel satinado para jóvenes que marcó una pauta estética para el resto de las publicaciones, su físico delgado y menudo y su falta absoluta de prejuicios la ayudaron a comenzar a posar desnuda con una naturalidad asombrosa para la época. De este modo, muy pronto el fotógrafo Helmut Newton se fijó en ella y la animó a realizar el primer desnudo frontal que se publicaría en una revista no erótica. Las polémicas de tipo político asociadas a los importantes disturbios estudiantiles ocurridos a finales de los años sesenta llevaron a la policía a llamar a la puerta de la comuna berlinesa en la que vivía Obermaier mientras seguía trabajando como modelo en las mejores revistas. Al instante, su nombre se asoció en la prensa sensacionalista con toda la violencia que azotaba Europa por, paradójicamente, motivos pacifistas. Su belleza contrastaba con una estética hippy que se adentraba poco a poco en sus años de decadencia, a principios de los años setenta. Durante esta década decidió alejarse de otra comuna de Munich en la que acabó refugiada para conocer mundo junto al propietario de un conocido club de Hamburgo, mientras hacía un hueco para encontrarse con los Rolling Stones durante su gira de 1975 y mantener relaciones tanto con Keith Richards como con Mick Jagger. A principios de los años ochenta y ya recuperada de varias adicciones se estableció en Los Ángeles, donde vive actualmente y trabaja como diseñadora de joyas. Su biografía autorizada supuso un enorme éxito de ventas en Alemania y de ella surgió un polémico film que no dudaba en mostrar hasta dónde fue capaz de llevar su rebeldía una joven modelo que, simplemente, estuvo en el lugar y el momento adecuados.

Aparte de las comunas, hubo otro tipo de espacios nuevos, surgidos en los años sesenta, que se convirtieron en fuente de *it girls* que, por desgracia, no supieron controlar la velocidad de los acontecimientos que ocurrían a su alrededor. El ambiente artístico neoyorquino, por ejemplo, fue uno de ellos y la Factory de Warhol, el lugar clave. Situada primero en el quinto piso del número 231 de la calle Cuarenta y siete Este, en el Midtown de Manhattan, y después en el Decker Building de Union Square, el espacio en cuestión fue lugar de encuentro del panorama *arty* en los años sesenta, de todo tipo de adictos a las anfetaminas y el *speed* y de todos y todas las Warhol Superstars. Entre ellas, hubo una que destacó por su arrebatadora personalidad: **Edie Segdwick**. Hija de una buena familia, se trasladó a Nueva York para trabajar como modelo para *Vogue* y convertirse en actriz. Ambas cosas las consiguió, y fue nombrada Chica del Año en 1965 por la sociedad neoyorquina más sensibilizada con las vanguardias artísticas que emanaban del entorno de Andy Warhol.

Convertida en la *socialite* más moderna del momento, Segdwick comenzó a experimentar con drogas como el LSD de la mano de sus propios inventores, que eran excompañeros suyos de la universidad. Mientras, se consolidaba su relación con Warhol a través de pequeñas apariciones en films *avant-garde* como *Vinyl* o *Horse*; tras ellas, el polifacético artista, fascinado por su poderosa presencia ante la cámara, decidió impulsar la carrera de Segdwick con films creados expresamente para ella. El primero, como si de una advertencia de lo que estaba por llegar se tratara, se tituló *Poor Little*

Casi siempre vestida de negro, Edie Segdwick es uno de los referentes más fascinantes de la moda de los años sesenta. Junto a Andy Warhol en las fiestas más divertidas de Manhattan, su look siempre conseguía atraer todas las miradas.

Rich Girl y dio comienzo a una saga con la *it girl* como protagonista. Estos films no obtuvieron ningún éxito comercial porque no se distribuían más allá de la Factory o de algunos teatros underground. Sin embargo, la fama de Segdwick gracias a ellos continuó creciendo en Nueva York y muy pronto la joven decidió crearse una imagen que la ayudara a destacar todavía más en las fiestas a las que acudía con Warhol. Panties de color negro, zapatos planos, minivestidos y pendientes de bisutería enormes formarían parte de un look que ha pasado a la historia como uno de los que mejor definen el estilo pop de los sesenta.

TRAS EL AUGE LLEGA EL DECLIVE

Tras interpretar más films experimentales, entre los que destacó *Chelsea Girls*, la relación entre Segdwick y Warhol comenzó a verse afectada por el hecho de que estos no llegaran al gran público. La modelo decidió entonces alejarse del círculo de la Factory para adentrarse en el Hotel Chelsea y, en primer lugar, encontrarse con un jovencísimo Bob Dylan. Se rumorea que mantuvo con él una relación romántica sin saber que estaba casado con su primera novia, y con él soñaba protagonizar un film que los lanzara a la fama mundial sin entender que Dylan no estaba nada interesado en un proyecto semejante. En 1966 Segdwick mostraba claros signos de adicción a los barbitúricos y de anorexia, y ello comenzó a perjudicar seriamente su carrera como modelo. Intentó interpretar un film titulado *Ciao! Manhattan*, pero su estado mental y físico le impidieron llegar a concluir el rodaje, por el momento. Tras ser varias veces internada en el hospital, en 1969 decidió regresar al rancho familiar de California para intentar recuperarse de sus adicciones. En un principio lo consiguió, y retomó el film que, a modo de testimonio definitivo, contaría su fascinante historia en las calles de la Gran Manzana.

En 1971 se concluyó la película *Ciao! Manhattan*, y este mismo año una exultante Edie Segdwick encontró además el amor de un antiguo paciente del centro médico donde ella había estado internada. Con él se casó y consiguió disfrutar de un breve período de sobriedad. Pero por culpa de una medicación que tuvo que tomar porque se sentía enferma, recayó en el abuso de las pastillas y el alcohol. La noche del 15 de noviembre de 1971 acudió a un desfile de moda en el Santa Barbara Museum; en la fiesta celebrada después bebió y fumó como acostumbraba a hacerlo. Cuando la recogió su marido para llevarla a casa, Segdwick se tomó su medicación prescrita y comenzó a respirar con dificultades. Se fueron los dos a la cama y ella nunca más se despertó. Una más que probable intoxicación con medicamentos y alcohol acabó con su vida a los veintiocho años. Tres meses más tarde se estrenó su film *Ciao! Manhattan* y las críticas de su interpretación autobiográfica fueron bastante buenas. Con el tiempo, la película se ha convertido en una obra de culto que define a la perfección el ambiente contracultural de una época única a través de una protagonista que no logró disfrutar del éxito multitudinario que tanto deseó. Junto a este film, canciones como "Just Like a Woman" o "Like a Rolling Stone" de Bob Dylan, o "Femme Fatale" de The Velvet Underground & Nico rindieron tributo a un espíritu libre que enamoró y sigue enamorando a todos aquellos que ven en los años sesenta la esencia de una modernidad incandescente.

DE BUENA FAMILIA Y LOCA PERDIDA

Una historia similar fue la vivida por otra de las *it girls* surgidas de la Factory de Warhol, **Andrea Feldman**. Neoyorquina de nacimiento y preparada para la interpretación en una prestigiosa escuela, Feldman participó en tres de los films de Warhol que mayor éxito tuvieron: *Imitation of Christ*, *Trash* y *Heat*. Adicta a las anfetaminas, en un documental de 1970 titulado *Groupies* ya se autodenominó como Andrea Warhol superconvencida de ello, sin embargo casi todos los asiduos de la Factory la conocían con el apodo de Crazy Andy. ¿Por qué? Pues principalmente porque, mientras en el citado espacio multidisciplinar la mayoría de los personajes tendían a parecer un poco locos, Feldman lo estaba realmente. De muy buena familia, disponía de todo el dinero que quisiera, pero jamás se le ocurrió usarlo en algún tratamiento psiquiátrico que la salvara de su trágico final. Ella prefería ir todos los días al Max's Kansas City, el bar de moda entre la vanguardia neoyorquina de finales de los sesenta, para perderse en su cuarto trasero lleno de *celebrities* hasta que reaccionaba, salía y se animaba a actuar para los clientes subiéndose a una mesa y desnudándose. Era lo que Feldman denominaba su *showtime* del día. Tres semanas antes del estreno en Manhattan del film *Heat* y presa de uno de sus ataques de nervios legendarios, la *it girl* rubia, de imponente físico y fuertes facciones masculinas, que acababa de regresar de un viaje por Europa, fue al lujoso apartamento de la Quinta Avenida de sus padres; tras dejar

La *it girl* Andrea Feldman surgió de la Factory de Andy Warhol y se hizo muy popular en el turbio ambiente del Max's Kansas City, donde a menudo se subía a las mesas de los clientes y se desnudaba, lo que para ella era su actuación del día.

escrito lo siguiente: "Me dirijo hacia el estrellato. Estoy en camino como James Dean y Marilyn Monroe", Feldman saltó de la planta 14 con un crucifijo en una mano y una Biblia en la otra. Punto y final. Tras el estreno de *Heat*, la crítica no tardó en destacar la actuación de una chica que mostraba en la gran pantalla una intensidad descorazonadora que, con toda seguridad, era tan real como auténtica fue la divina locura de Andrea Feldman.

La tercera *it girl* relacionada directamente con el entorno warholiano fue la cantante de origen alemán **Nico**. Nacida en Colonia, trabajaba como dependienta en el departamento de lencería de los grandes almacenes berlineses KaDeWe cuando, por lo visto, fue violada por un militar estadounidense. Este hecho marcaría para siempre su carácter distante y desconfiado con la gente, pero no impidió que cuando el fotógrafo Herbert Tobias la descubrió ayudando en un desfile de la empresa se animase a probar suerte como modelo. Para ello, en primer lugar adoptó el sugerente nombre de Nico y, en segundo lugar se trasladó a vivir a París, donde muy pronto empezó a trabajar para revistas como *Vogue* o *Elle*. A los diecisiete años fue elegida por la propia Coco Chanel para promocionar sus productos de belleza, sin embargo, Nico abandonó pronto este trabajo siguiendo un instinto que la llevaba hacia Nueva York. Una vez en la Gran Manzana, se apuntó a clases de interpretación con Lee Strasberg y recibió una propuesta para visitar el set del film *La dolce vita*, en Roma; una vez llegada, Federico Fellini quedó impresionado por su gélida belleza y no dudó en proponerle un pequeño papel que, obviamente, Nico aceptó. Tras este rodaje, su racha de buena suerte prosiguió de nuevo en París, donde rodó la película *Strip-Tease* y tuvo la posibilidad de cantar el tema central del film compuesto por el mismísimo Serge Gainsbourg. Durante esta época Nico conoció a un joven Alain Delon, con quien tuvo un affaire y de quien se quedó embarazada de su hijo Ari. Hasta el día de hoy Delon ha negado siempre esta paternidad, pero todo indica lo contrario, ya que los padres del actor en muchas ocasiones se hicieron cargo del niño cuando Nico no se encontraba en condiciones de hacerlo.

LA ETAPA VELVET UNDERGROUND

En 1963 la bella modelo debutó como cantante en el nightclub Blue Angel con versiones de standards como *My Funny Valentine* que de-

La joven Nico comenzó su carrera como modelo en París, y se convirtió en una de las preferidas de la mismísima Coco Chanel. Después llegaría su carrera musical cuando se trasladó a vivir a Nueva York y contactó con Warhol.

leitaron a un público embelesado por su hipnótica imagen y su profunda voz. Dos años más tarde, gracias al Rolling Stone Brian Jones, grabó su primer single y conoció a Andy Warhol y a su gente de la Factory. Era entonces cuando el inquieto artista empezaba a trabajar de mánager de la banda The Velvet Underground y fue entonces cuando se le ocurrió la brillante idea: ¿por qué no juntar a la banda con la bella *chanteuse*? Así fue como todos ellos se unieron y grabaron temas como "Femme Fatale", "All Tomorrow's Parties" o "Sunday Morning" contando con Nico como cantante. Sin embargo, parece ser que en el colectivo no todo fluía como debiera; los largos preparativos y rituales de Nico en el camerino irritaban de un modo especial al líder de la banda, Lou Reed, y la sordera parcial que sufría la alemana a veces le hacía desentonar al cantar, algo que siempre era motivo de sorna entre otros miembros de la banda. Tras una sola colaboración en un álbum que, posteriormente, ha sido considerado por la revista *Rolling Stone* como el decimotercer disco más influyente de la historia del rock, Nico decidió continuar con su carrera en solitario, actuando regularmente en el local The Dom acompañada por guitarristas de la talla de Jeff Buckley o Jackson Browne. Mientras tanto, Nico grabaría su primer álbum, *Chelsea Girl*, con el icónico tema "I'll Keep It With Mine", compuesto por Bob Dylan y participaría, cómo no, en varios de los films experimentales de Warhol.

Muy pronto, como era tendencia en aquellos días, encontró tiempo para volar a California y allí mantuvo una relación con Jim Morrison, líder de The Doors, al que acabó considerando un auténtico *soul brother*. Él fue quien más la animó a escribir sus propias canciones para su segundo disco y a imponer su manera de ver la producción musical. De este modo, Nico consiguió que su siguiente trabajo sonara como ella quería y que en él se incluyera el armonio como instrumento clave que después le acompañaría de por vida. Con el pelo teñido de rojo, a principios de los años setenta grabó un par de discos más y comenzó a llevar una vida bohemia que, según ella, conectaba con el romanticismo de algunos artistas del siglo XIX, mientras su adicción a la heroína se hacía más y más evidente. Con esta droga tuvo que lidiar durante quince años de vida sórdida en los que, sorprendentemente, no renunció a seguir grabando música, colaborando con otros artistas o actuando en muchos de los films de su pareja y compañero de dosis Philippe Garrel (otro compañero de dosis era su propio hijo Ari, al que parece ser que inició

Al fallecer Jim Morrison, líder de The Doors, Pamela Courson sucumbió de lleno a la adicción a la heroína y decidió llevar una vida autodestructiva en Los Ángeles para conseguir reunirse con él lo antes posible.

ella misma en el consumo de la heroína cuando solo era un adolescente). En 1988, mientras disfrutaba de una vacaciones en Ibiza, Nico sufrió una caída de bicicleta y falleció de una hemorragia en la cabeza. Acababa de entrar en un programa de mantenimiento con metadona y comenzaba por fin a disfrutar de una vida sana. El destino quiso que tal decisión llegara demasiado tarde.

La heroína fue una droga que comenzó a ser consumida por la élite social a finales de los años sesenta, sin que esta se llegara a dar cuenta de su gran peligrosidad. Junto a Nico, hay otros tres ejemplos de *it girls* que sucumbieron a ella con fatales consecuencias. La primera de ellas, **Pamela Courson**, fue famosa por ser la pareja del ya citado Jim Morrison, líder de The Doors. De origen californiano y con un lánguido físico coronado por un estupendo cabello pelirrojo, Courson se instaló a mediados de los años sesenta en Los Ángeles, y al poco tiempo conoció a Morrison en el club The London Fog de Sunset Strip. Mientras continuaba con su vida de estudiante de arte en el LA City College, su idilio con el cantante empezó a situarla en el centro de todas las miradas, que vieron en ella a una *it girl* tímida y delicada que, poco a poco, jugueteaba con las drogas. Lo que parecía una relación sentimental estable fue una batalla campal llena de fuertes peleas y frecuentes infidelidades por ambas partes. Aun así, Morrison siempre volvía al redil de Courson.

UNA HEREDERA MUY DESCARRIADA

Cuando su carrera artística se volvió meteórica y el dinero comenzó realmente a sobrar, no dudó en regalarle a la joven una boutique de moda llamada Themis, pero el intenso ritmo de giras y el abuso de sustancias impidieron a Courson centrarse en dirigirla como era necesario. El 3 de julio de 1971 Courson y Morrison se encontraban en su apartamento de París cuando este falleció de un ataque al corazón (que probablemente le sobrevino por una dosis de heroína demasiado pura que su distribuidor habitual, el conde Jean de Breteuil, parece ser que le administró). Courson resultó ser la heredera directa de toda la fortuna de Morrison a pesar de no estar casada con él legalmente. Con todo ese dinero se recluyó en Los Ángeles y se abandonó a su adicción, llegando hasta el punto de llevar siempre la heroína en el coche, metida en globos de colores para tragarlos fácilmente en el caso de que la policía quisiera detenerla. Su estado mental cada vez se hizo más problemático y, como ella

La decisión de Talitha Getty de pasar largas temporadas en Marrakech cambió por completo su manera de vestir y también sus moderados vicios, transformándolos en letales por el uso y abuso de la heroína.

siempre decía a sus compañeros de piso, poco a poco se iba acercando al reencuentro con su amado Morrison. Esto ocurrió en 1974 cuando falleció de una sobredosis en el comedor de su casa. Por fin sus deseos se habían hecho realidad y su breve pero intenso pasado como *it girl* había logrado pasar a la posteridad.

El caso de **Talitha Getty** fue muy diferente a los anteriores. Nacida en Java, Indonesia, de muy pequeña sufrió las consecuencias de la Segunda Guerra Mundial en un campamento de prisioneros japonés. Cuando finalizó la contienda se instaló en Inglaterra con su madre, que falleció a los pocos años. A principios de los años sesenta, convertida en una bella adolescente y llamada todavía Talitha Dina Pol, ingresó en la Royal Academy of Dramatic Art de Londres para estudiar interpretación; descendiente directa del pintor Augustus John, la joven aspirante a actriz se movía con soltura en los ambientes de la alta sociedad londinense, en los que destacaba por su gran belleza y estilo particular. En una velada organizada por el *socialite* Claus Von Bülow (sí, ese que posteriormente asesinó a su esposa), el jovencísimo bailarín Rudolf Nureyev tuvo la oportunidad de sentarse junto a ella y descubrir su poderosa capacidad para atraer todas las miradas; en esa misma cena, otro invitado joven e ilustre, John Paul Getty Jr., heredero de una inmensa fortuna petrolífera, cayó rendidamente enamorado a sus pies. En 1966 se casaron Getty y ella y la nueva Talitha Getty, vestida con una minifalda ribeteada con visón para la ocasión, se convirtió al instante en una de las chicas más solicitadas del panorama mediático. Sus visitas junto a su marido a la legendaria Via Condotti de Roma volvían locos a los paparazzi, ansiosos por averiguar cuánto se habían gastado y qué habían comprado. Ellos, jóvenes y enamorados, se dejaban querer por una opinión pública que los veía como la perfecta pareja *it*.

DESTINO: EL EXÓTICO MARRAKECH

Tras varios años residiendo en Londres y siguiendo las tendencias *boho-chic* que señalaban algunos lugares exóticos como sitios a los que había que ir si querías considerarte un *celebrity* chic, los Getty decidieron elegir Marrakech como punto de reunión con sus amigos de la escena más *fashion* londinense. Allí fue donde conocieron al ya tristemente citado conde Jean de Breteuil, habitual camello de la alta sociedad del rock y, muy pronto, amante de la propia

Talitha. La vida del matrimonio Getty en Marrackech estaba repleta de visitas de famosos como el diseñador Yves Saint Laurent, los Rolling Stones Keith Richards y Mick Jagger con la *it girl* Marianne Faithfull o el fotógrafo David Bailey con la modelo Penelope Tree, y todos ellos disfrutaban de una anfitriona perfecta vestida con kaftanes multicolores y pantalones *harem* que, además, les ofrecía el mejor opio que existía en aquellos tiempos, entre otros tipos de sustancias. En medio de semejante estilo de vida hippy chic, es curioso como Talitha tuvo tiempo de tener un hijo, al que bautizaron con el nombre de Tara Gabriel Gramophone Galaxy, y de participar con un papel menor en la icónica película *Barbarella*, junto a Jane Fonda. Sin embargo, no todo era de color de rosa en la vida de los Getty; entre ellos, las discusiones cada vez eran mayores debido al abuso de la heroína por parte de Talitha, mientras John Paul ejercía de playboy una y otra vez. En un intento de salvar su matrimonio, Talitha viajó a Roma en 1971 y, por desgracia, la misma heroína que unas semanas antes había acabado con la vida de Jim Morrison en París terminó con la suya. Una sobredosis accidental agotó la existencia de una *it girl* que, posteriormente, ha ejercido una poderosa influencia en el mundo de la moda.

LA MODELO QUE CREÍA SER DE MARTE

La modelo y actriz americana **Donyale Luna** también terminó sus días presa de una droga que parecía *cool* pero estaba llena de auténtica perversidad. Luna se hizo famosísima en el mundo de la moda de los años sesenta al conseguir ser la primera modelo negra que apareció en una portada del *Vogue* británico, fotografiado por la cámara de David Bailey. Hija de madre indígena mexicana y padre egipcio, su sensual belleza fue descubierta para que fotógrafos como Richard Avedon encontraran a través de ella la perfección estética en imágenes inolvidables. En 1966 la revista *Time* proclamó "el año Luna" en honor de un cuerpo celestial que, con solo veinte años, prometía seguir en lo más alto del olimpo de las modelos durante muchas, muchas temporadas. Obviamente, la mítica publicación se equivocó. En los años setenta, la carrera de Luna comenzó a declinar por culpa del abuso de las drogas duras, por su comportamiento excéntrico y por su tendencia a resultar difícil a la hora de trabajar. Sus propias compañeras alucinaban cuando se presentaba siempre descalza a los ensayos y pruebas de los desfiles

Mística y exótica, así era la belleza de la inigualable Donyale Luna, la primera modelo de raza negra que consiguió aparecer en portada de una edición de *Vogue* bastantes años antes que otras modelos como Beverly Johnson o Iman.

o contestaba que era de Marte cuando le preguntaban por su procedencia. Aun así, Luna llegó a participar en films de culto como *The Rolling Stones Rock and Roll Circus*, *¿Quién eres tú, Polly Maggoo?* o *Satiricón* de Fellini, mientras mantenía una turbulenta relación sentimental con el actor Klaus Kinski. En 1979, a los treinta y tres años, Luna sufrió una sobredosis accidental de heroína en Roma y dejó tras de sí una hija llamada Dream y una carrera en la moda única. Misteriosa, contradictoria, evasiva, mercurial y exótica, Donyale Luna tuvo la oportunidad de ser la primera mujer negra que cambió la historia, pero la desperdició, dejando la labor a otras modelos que llegaron poco después, como Beverly Johnson o Iman.

LA "IT GIRL" MÁS ROLLING STONE

El caso de **Marianne Faithfull** es, de entre todas las *it girls* rebeldes y malditas, muy especial. Esta londinense de ascendencia aristocrática austríaca comenzó su carrera como cantante folk en 1964 actuando en *coffee houses*. Ese mismo año acudió a una fiesta donde fue descubierta por un productor que no tardó en conseguirle un tema firmado por Richards y Jagger que la lanzaría a la fama con diecisiete años: "As Tears Go By". Tras él, varios singles la situaron en la escena musical de los sesenta como una prometedora cantante que no dudó en casarse con el artista John Dunbar y tener a su hijo Nicholas con tan solo diecinueve años. La relación duró apenas un año, justo hasta que Faithfull decidió huir con Mick Jagger en 1965. Junto al líder de los Rolling Stones formó la pareja más *it* del *swinging London*, casi siempre colocada de marihuana y luciendo los looks más *cool* del momento. De entre todas las anécdotas que protagonizaron y fueron portada de la prensa sensacionalista destaca aquella que cuenta que Faithfull fue hallada desnuda y envuelta en una valiosa alfombra cuando la policía entró a registrar la mansión de Keith Richards en Sussex. Sin embargo, el hecho en cuestión dinamitó su imagen de *it girl* y la convirtió en blanco de todas las críticas por parte de la sociedad inglesa más reaccionaria. Es obvio que si se hubiese tratado de un hombre, todo hubiera sido distinto. Pero una joven drogada y desnuda envuelta en una alfombra no podía ser sino una prostituta y, por supuesto, una mala madre ante la opinión pública (¿se entiende ahora la relación tan cercana que tienen desde hace muchos años Faithfull y Kate Moss?).

Disfrutando de una prometedora carrera musical a finales de los años sesenta, Marianne Faithful se vio inmersa en un escándalo público junto a los Rolling Stones y, a partir de ese momento, su vida se convirtió en un calvario marcado por la adicción a las drogas.

Enganchada a la cocaína, en 1968, y mientras estaba retirada en la casa de campo que poseía Mick Jagger en Irlanda, sufrió un aborto que la dejó muy traumatizada. Tras haber inspirado algunas de las mejores canciones de la banda, en 1970 Mick Jagger la abandonó debido a su ya irreversible adicción a la heroína. Fue entonces cuando Faithfull tocó fondo por primera vez; perdió la custodia de su único hijo, se convirtió en una sin techo y vio como su carrera artística caía en picado. Ante tal situación, intentó suicidarse. En los años setenta, la que fuera deseada *it girl* en la década anterior vagaba por las calles del Soho londinense buscando sus dosis diarias y convirtiendo su voz en un sonido roto y mortecino que, todo hay que decirlo, se convertiría en su seña de identidad como artista única para siempre.

Ayudada por amigos que se la encontraban colocada por la calle, en 1975 consiguió grabar un nuevo álbum de estilo country que obtuvo buenas críticas, mientras su estilo de vida seguía sin levantar cabeza. Acomodada en una casa de okupas en el barrio de Chelsea, sin agua caliente ni electricidad, Faithfull comenzó a salir con el líder de la banda punk The Vibrators, Ben Brierly. Con él llegó a casarse en 1979, el mismo año que lanzó el álbum que le haría recuperar su posición como artista, *Broken English*. En 1981 se trasladó a vivir con su pareja a Nueva York, pero su adicción a la heroína siguió persistiendo y le provocó incidentes como la caída por las escaleras de un avión en la que se rompió la mandíbula, un amago de infarto o una histórica y desastrosa actuación en el popular programa *Saturday Night Live*. A mitad de década, Faithfull luchaba por desengancharse en diferentes clínicas de rehabilitación, y en 1987 volvió a dar en la diana del éxito comercial con su álbum de estilo jazz *Strange Weather*.

A partir de entonces su carrera artística se estabilizó y su estatus de icono, así como de auténtica superviviente, la ayudó a mantenerse alejada de las drogas duras hasta el día de hoy. La hepatitis C o el cáncer de mama que ha sufrido ya como veterana artista no han podido tampoco con una mujer que fue repudiada por la sociedad cuando ni siquiera había cumplido los veinticinco años y se hallaba metida de lleno en el complicado mundo de la adicción a las drogas. Eran otros tiempos, y a finales de los años sesenta ayudar a una adicta no estaba bien visto ni contemplado por las instituciones. Marianne Faithfull no ha ido nunca de mártir y reconoce que todo lo que le ocurrió se lo buscó, sin embargo, es inevitable pensar si su tortuoso camino habría sido diferente con la ayuda especializada adecuada.

EL CARÁCTER BIPOLAR DE LOS AÑOS SETENTA

Con la década de los setenta llegó el bajón después del subidón que supusieron los sesenta. Al menos por el día. La situación política y económica de la época no animaba a practicar el hedonismo despreocupado. Al contrario. Los diferentes grupos sociales que intentaron en balde cambiar la sociedad durante la década anterior decidieron radicalizar sus posiciones. La comunidad negra, las mujeres y los gays pasaron al activismo y la radicalización de sus diferentes luchas marcó la actualidad de unos años en los que si no eras militante estabas *out*. De este modo, por el día el ambiente estaba monopolizado por mil y una batallas en contra de lo establecido que trataban de transformar una sociedad occidental que se encontraba en un callejón sin salida. Ante tal realidad, dura y combativa, la noche se convirtió en la válvula de escape idónea para olvidar por unas horas los problemas del día a día. Dos estilos, el glam y el disco, fueron los encargados de metamorfosear los años setenta en algo muy, muy *glitter*, al menos bajo la luz de la luna. Artistas como David Bowie y Marc Bolan animaron a la juventud a jugar con la sexualidad a la hora de vestirse. Tras ellos, grupos como CHIC o Bee Gees y divas como Donna Summer o Gloria Gaynor pusieron a los jóvenes a bailar sobre una pista de baile multicolor y bajo una bola de cristal que no dejaba de girar y girar. Ante la cruda realidad, una vez más, la música y la moda unieron fuerzas para proponer un plan alternativo que ayudara a sobrellevar los cada vez más incipientes problemas. En una atmósfera irreal, creada por discotecas que te envolvían nada más entrar en ellas y te invitaban a dejarte llevar, surgieron *it girls* que personificaron un tipo de glamour sofisticado muy diferente al que anteriormente se había visto.

CAN'T STOP THE MUSIC

En santuarios de la música funky como Studio 54 los modelos de Halston, el gran diseñador de la década con permiso del ya maestro consagrado Yves Saint Laurent (encargado de perfumar la zona vip de la disco con su fragancia Opium), derrocharon una elegancia provocadora que añadió al vocabulario de la moda un término irresistible: sexy. El nuevo adjetivo era perfecto para definir la actitud

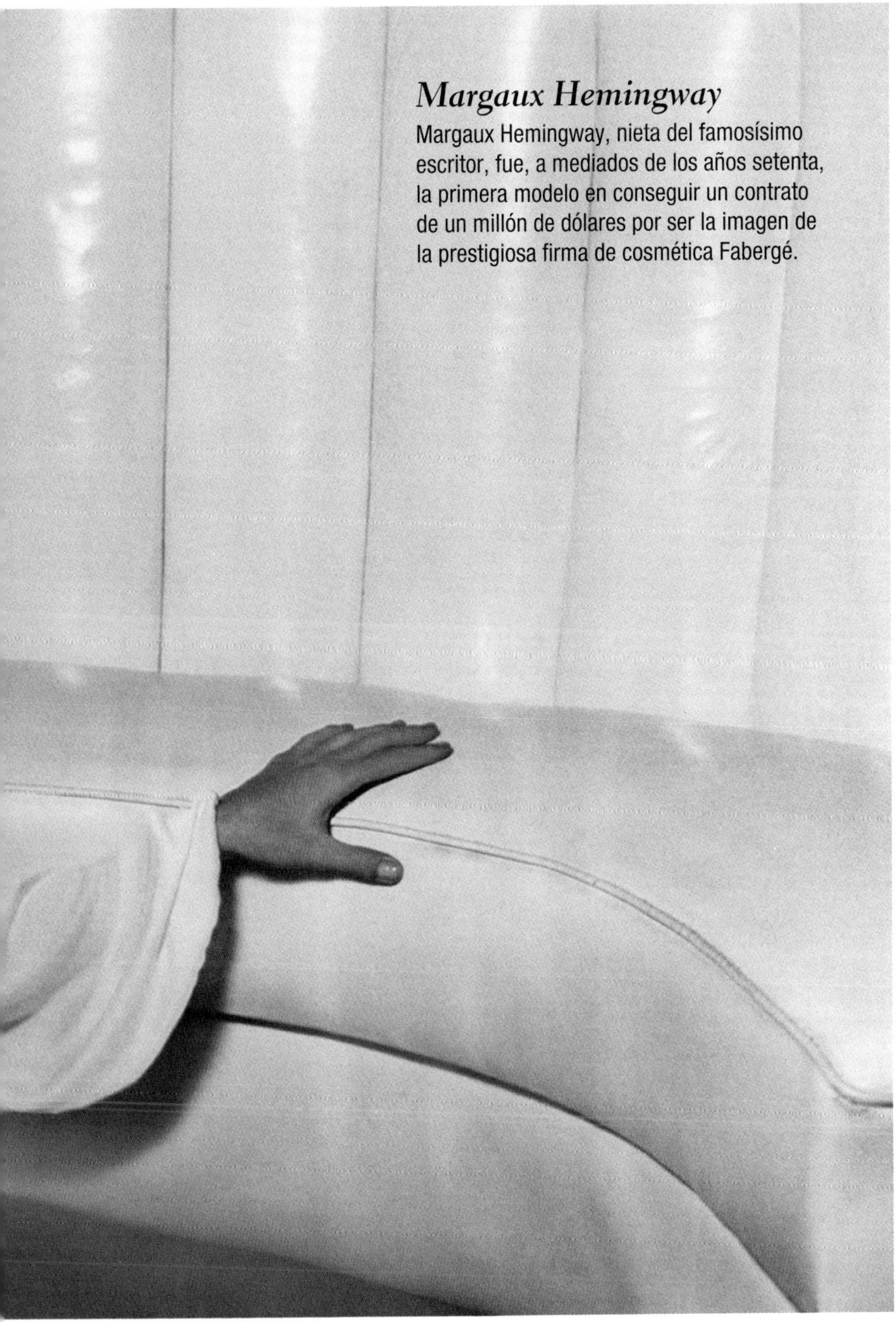

Margaux Hemingway

Margaux Hemingway, nieta del famosísimo escritor, fue, a mediados de los años setenta, la primera modelo en conseguir un contrato de un millón de dólares por ser la imagen de la prestigiosa firma de cosmética Fabergé.

de una mujer capaz de luchar por sus derechos durante el día y de transformarse para la noche en un animal salvaje y bello, con muchas ganas de seducir y de ser seducida. Sin embargo, la pista de baile con luces intermitentes estaba llena de trampas en las que algunas de las más sensuales chicas del momento cayeron. De entre todas ellas, y por su alto nivel de "irresistibilidad" (un vocablo que no existe, pero resulta perfecto para este libro), hay que destacar dos nombres cuyos orígenes son muy, muy distintos. El primero de ellos es el de **Margaux Hemingway**. Nieta del famoso escritor Ernest Hemingway, fue bautizada con su sugerente nombre en honor del vino Château Margaux que sus padres bebieron la noche que fue concebida (toda una premonición si tenemos en cuenta la posterior e intensa relación de la joven con la bebida). En los años setenta, Hemingway se convirtió en la primera modelo que consiguió un contrato de un millón de dólares por su imagen en exclusiva para la firma de cosmética Fabergé. En 1975 se encontraba en la cúspide de su carrera, considerada el prototipo de la nueva belleza en la portada de la revista *Time* y nombrada la nueva supermodelo neoyorquina por *Vogue* en Estados Unidos. Fue entonces cuando se transformó en una *celebrity* global y comenzó a alternar sus numerosos compromisos como modelo con visitas a la disco Studio 54 en compañía de Liza Minnelli, Bianca Jagger, Grace Jones o Andy Warhol. Lo cierto es que tras una fachada bellísima se escondían varios desórdenes mentales que desempeñaron un papel decisivo en las adicciones al alcohol y las drogas que Hemingway fue desarrollando. Por una parte, sufría desde pequeña de dislexia y, por otra, la bulimia no la dejaba vivir en paz desde la adolescencia debido a su tendencia natural a coger peso.

PRESA DE LA VORÁGINE DISCO

Desde muy joven, la *it girl* intentó controlar estos problemas con la práctica del yoga y la meditación que su mentor Zachary Selig le inculcó, sin embargo, esto no fue suficiente ante la vorágine festivalera en la que se sumergió durante la segunda mitad de la década. El estreno y el gran éxito del film *Lipstick*, en el que compartió el protagonismo con su hermana Mariel haciendo el papel de una modelo que es violada, confirmó todavía más el ascenso de Hemingway dentro del show business. Casada con su primer marido con solo diecinueve años y acomodada junto a su mentor en un lujoso apartamento que era propiedad de Gloria Vanderbilt, Hemingway fue presentada ante la crème de la crème de la moda neoyorquina por dicho mentor, todo un especialista en relaciones públicas con ambiciosos intereses de por medio. Los editores de moda de las revistas más importantes, el fotógrafo Francesco Scavullo, el diseñador Halston... todos cayeron rendidos ante su implacable belleza y no dudaron en contratarla para convertirla en la *it girl* más deseada de la época disco. Llegaron los ochenta y, tras varios años de excesos y de un ritmo de vida frenético, Hemingway comenzó a sufrir brotes ocasionales de depresión parecidos a los que padeció su abuelo. Tras un accidente de esquí, ganó muchísimo peso y se sumió en una profunda depresión. Selig consiguió que la superara, y en 1990 le organizó un gran regreso con la que sería su primera portada para *Playboy*. El regreso no fue tan sonado como se esperaba y Hemingway volvió a dejarse llevar por la depresión, el mal entendimiento con su padre y los constantes celos de la carrera cinematográfica de su hermana Mariel. El 1 de julio de 1996, un día antes de la fecha en la que su abuelo se había disparado en la cabeza en 1961, se suicidó en su casa de Santa Mónica con una sobredosis de fenobarbital.

Junto con Margaux Hemingway, hubo otra rebelde que pisó la pista de Studio 54 como nadie. ¿Su nombre? **Margaret Trudeau**. Es complicado tratar de explicar brevemente cómo una ex primera dama de Canadá se transformó en una tardía *it girl* que se sumió en los placeres de la noche hasta que perdió el control del todo. Con solo dieciocho años, estando de vacaciones en Tahití, conoció a Pierre Trudeau, entonces ministro de Justicia y treinta años mayor que ella. En 1971, cuando Trudeau ya era primer ministro, se casaron y, según las propias palabras de la joven desposada, "a partir de ese momento me rodearon con paneles de cristal como si de una paciente con problemas mentales se tratara, impidiéndome tomar mis propias decisiones". Hasta 1975 la primera dama no pudo expresarse libremente a pesar de las ideas progresistas de su marido. Mientras se dedicó en cuerpo y alma a dar a luz tres niños. Obligada a cuidar de ellos mientras el primer ministro desaparecía muy a menudo o forzada a interpretar el papel de primera dama sonriente en soporíferos viajes de Estado, Trudeau comenzó a ser conocida en la prensa como la primera dama más bella y triste del planeta. Poco a poco el matrimonio se fue distanciando y la actitud rebelde de Trudeau comenzó a aflorar. Primero fueron las drogas que se le ocurrió llevar en el equipaje de su marido, luego

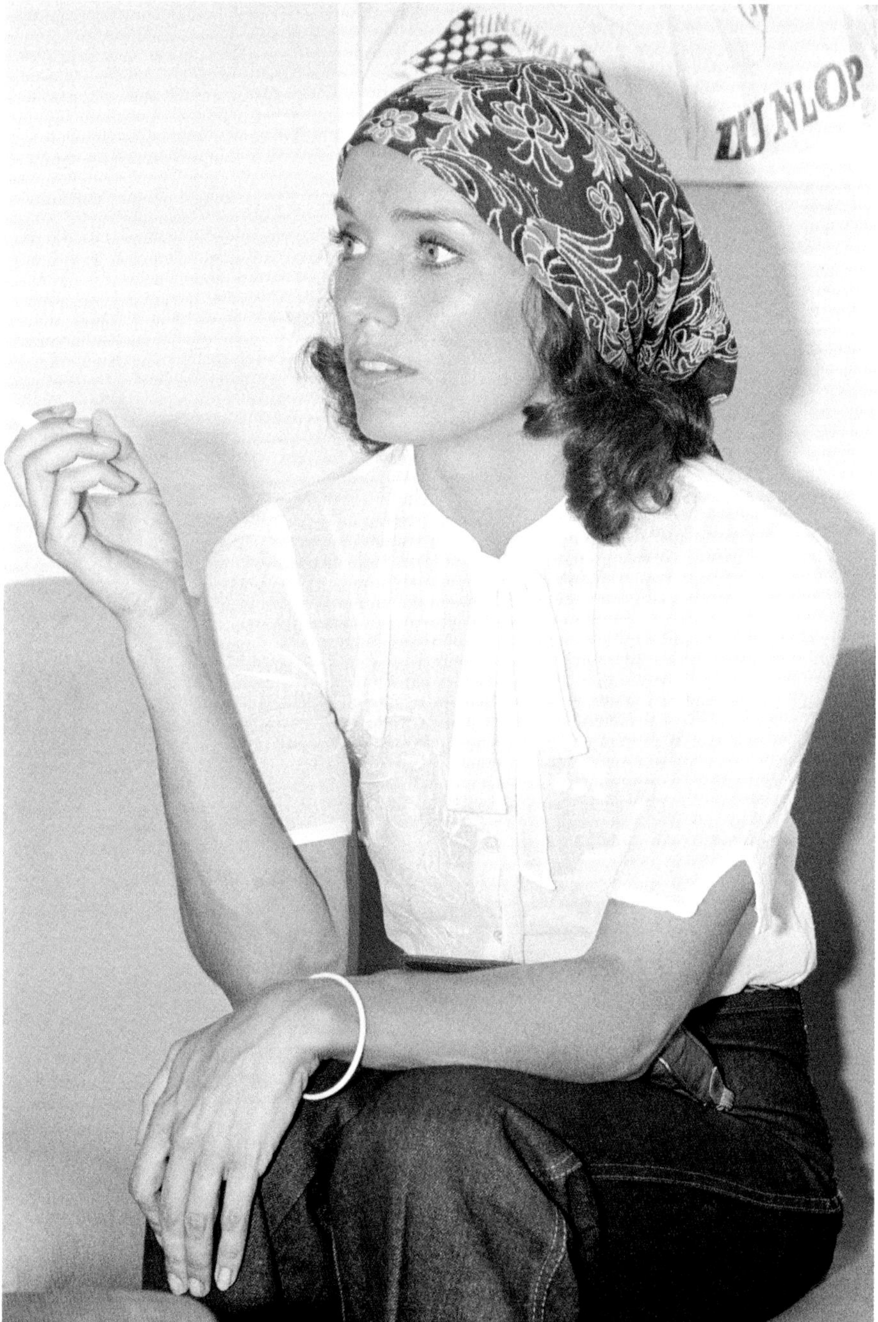

Antes de "librarse" de su condición de primera dama canadiense, Margaret Trudeau se vio obligada a interpretar un papel que le impedía expresarse con libertad a pesar de su extensa cultura.

sus esporádicas y sensuales apariciones en la discoteca Studio 54, finalmente su ataque de ira en la residencia presidencial de Ottawa, donde destrozó un tapiz histórico porque defendía el triunfo de la razón sobre la pasión. Era más que obvio que la joven flor que conoció Pierre en Tahití al cumplir los treinta estaba madurando y, mientras brotaba su rebeldía, su hermosura y su estilo propio al vestir comenzaban a destacar sobremanera. Fue así como Margaret Trudeau se convirtió en una especie de *it girl* tardía, justo cuando finalmente se separó, en 1977, renunciando a la custodia de sus tres hijos sin titubear. En ese preciso momento comenzó a llevar una vida de *celebrity* en la jet set de la época, en la que hubo incluso con hombres tan apetecibles como Mick Jagger o Ryan O'Neil. Sus apariciones en Studio 54 fueron casi siempre al lado de Andy Warhol, que no dudó en dedicarle una de las codiciadas portadas de su revista *Interview*. Sin embargo, la excesiva afición por la cocaína y las anfetaminas que Steve Rubell, dueño y señor de la citada discoteca, manejaba empezó a pasarle factura y a revelar un desorden bipolar que, poco a poco, fue agravándose. Por otra parte, sus intentos de convertirse en actriz o respetada fotógrafa tampoco prosperaron, lo cual deprimió mucho a Trudeau. Parecía ser juzgada por la sociedad mientras ella no dejaba de moverse en la pista de baile. La fiesta continuó hasta que en 1984 decidió casarse de nuevo con un respetable promotor inmobiliario canadiense, volver al redil y apartarse por completo de la vida pública para tratar su desorden mental. Así pues, el caso de Margaret Trudeau como *it girl*, además de tardío, fue breve pero muy intenso, tanto que en su lucha por ser ella misma casi se deja la vida o más bien la cabeza.

ES HORA DE SENTIRSE "POWERFUL"

Tras una década marcada por una especie de "doble vida" que establecía una diferencia radical entre el día y la noche, llegaron los años ochenta y entonces sí que empezó la fiesta de verdad. Atrás quedaban las protestas contra la política o la situación económica. Mientras el abismo entre los pobres y los ricos se hacía cada vez mayor, se comenzó a fomentar la más absoluta y desvergonzada preocupación por ganar dinero y vestirse bien. El consumo irreflexivo hizo acto de presencia y apareció una nueva legión de amantes de la moda que se autodenominaban *fashion victims*. Eslóganes como "work hard, play hard", "more is not enough" o "dressed for success" fueron los titulares de una moda que comenzó a rebelarse adaptando la estética de los

A pesar de su aparente feminidad, Gia Carangi era una mujer con un carácter y un estilo muy masculinos, completamente opuestos a la imagen que siempre daba en portadas, editoriales y campañas de las revistas de moda más conocidas.

punks y de los nuevos románticos a su repertorio habitual, para continuar con tendencias extremas como los colores eléctricos, las texturas metalizadas y las siluetas *oversize* o, por el contrario, *superstretch*, el culturismo y el aerobic, la estética Dinasty y el estilo yuppie. Todas las propuestas (menos las de Armani y los diseñadores japoneses afincados en París) defendían el exceso, la ambición y la conducta de abrirse paso a codazos, en una época en que lo exterior se impuso a lo interior. Autoridad y poder mediante su imagen, esto era lo que cualquier *it girl* deseaba conseguir al llegar a una despampanante fiesta o al club de moda de Nueva York, léase The Limelight. Sol, playas, yates, música pop, cócteles flúor, gafas Ray-Ban o colores pastel, todo lo que mostraba el vídeo del tema Rio de Duran Duran en la recién estrenada MTV era lo que deseaba cualquiera que viviera "a tope" la estética ochentera. Prendas que rayaban el histerismo propio de estrellas del pop como Cindy Lauper se hicieron hueco en un armario femenino que gritaba: "¡Dame más lazos, dame más volantes, dame más hombreras, dame más cuero, dame más Lacroix, Mugler, Saint Laurent, Montana, Alaïa!". ¿Problemas morales, ideológicos o políticos? No existían, al menos a la hora de pasarlo en grande con unas cantidades de dinero que, si bien no daban la felicidad, al menos tranquilizaban los nervios. El *shopping* a diestro y siniestro se convirtió en una práctica necesaria si querías considerarte *in* o, mejor dicho, llamarte "moderno" o "moderna". Así salió a flote una generación sin rumbo, que no tuvo que sufrir ni guerra ni hambre ni grandes represalias educativas, para vivir su vida sin ningún sentimiento de responsabilidad. Ninguna novela ha reflejado mejor este estilo de vida que *Menos que cero*, de Bret Easton Ellis, ninguna película lo mostró más acertadamente que *American Gigolo*, de Paul Schrader, ninguna canción lo describió con mayor ironía que "Material Girl", de Madonna.

Y A LAS DROGAS SE AÑADIÓ EL SIDA

En este contexto cien por cien hedonista, surgieron muchas *it girls* y, lógicamente, algunas de ellas perdieron el control de sus propios descapotables. Otras que veremos en capítulos posteriores consiguieron sobrevivir a la velocidad de los ochenta. La primera que tocó el cielo para luego bajar hasta el mismísimo infierno y desaparecer fue la top-model **Gia Carangi**. Nacida en Philadelphia, de adolescente ya demostró su rebeldía formando parte en la universidad de un grupo de chicos y chicas que idolatraba el estilo andrógino de David Bowie, frecuentando los locales gays de la ciudad y mostrando abiertamente su bisexualidad. Carangi, de imagen muy *tomboy* en sus inicios, se trasladó a vivir a Nueva York con solo diecisiete años, e inmediatamente fue fichada por la agencia de modelos Wilhelmina. En su primera sesión fotográfica importante, en 1978, Carangi se enamoró de la maquilladora Sandy Linter, con la que mantendría una relación sentimental caracterizada por la inestabilidad. A finales de ese año, su carrera de modelo había despegado, carrera que *Vogue* no tardó en describir como "meteórica". Lo cierto es que todo iba demasiado rápido para una chica que ni quería ser modelo ni quería convertirse en una *it girl* invitada a todas las fiestas. Scavullo, Elgort, Avedon, todos los fotógrafos se enamoraron de la belleza ultrafemenina de Carangi cuando era "disfrazada" con las prendas, el maquillaje y los peinados más *cool* del momento. En su vida privada, en cambio, solo llevaba jeans, botas y chupas de cuero que acentuaban su masculinidad y delataban cierto desorden mental respecto a la vorágine que estaba viviendo como top-model.

Entre 1978 y 1980 apareció en la portada de los tres *Vogue* más importantes del mundo (el británico, el parisino y el americano), y firmas como Dior, Saint Laurent y Armani contaron con ella como imagen de campaña. Mientras, sus noches en clubes como Studio 54 y The Mudd Club comenzaban a llenarse de rayas de cocaína y cócteles. Tras la muerte de su agente y mentor Wilhelmina Cooper de cáncer de pulmón en 1980 la trayectoria de Carangi empezó a torcerse, y ella se sintió desamparada y devastada. Muy pronto la cocaína dio paso a la heroína, hasta que su adicción afectó a su imparable trabajo de modelo. Los cambios bruscos de temperamento, las ausencias de las sesiones de fotos para comprar drogas e incluso algunos momentos en que se quedó literalmente dormida frente a la cámara comenzaron a granjearle una mala fama que corrió de boca en boca en el mundillo.

AUGE Y CAÍDA AL VACÍO

Una sesión fotográfica en el Caribe con Scavullo acabó en un auténtico drama porque la modelo no conseguía encontrar sus drogas. Por entonces las marcas de los pinchazos empezaban a hacerse notorios en el interior de sus codos. No había maquillaje suficiente para tapar unas marcas que, en el fondo, estaban más por dentro que por fuera. Su extrema sensibilidad en un mundo en el que la frivolidad reinaba por doquier fue la verdadera razón de que Carangi se precipitara al vacío. Expulsada de su primera agencia y después

Icónica imagen de la firma de cosmética Shiseido a lo largo de toda la década de los setenta, Tina Chow alcanzó una enorme popularidad como modelo y como *it girl* de la alta sociedad neoyorquina.

de Ford Models, intentó en vano desintoxicarse varias veces, pero siempre recaía. En 1981 la agencia Elite le dio una última oportunidad y, aunque muchos clientes se negaron a trabajar con ella, algunos otros quisieron apoyarla. La revista *Cosmopolitan* fue uno de ellos, y, una vez más, Francesco Scavullo fue el encargado de ponerse tras la cámara. Frente a él se encontró a una Gia Carangi diferente, agotada por el abuso de las drogas, con el cuerpo inerte y la mirada perdida. En 1982 siguió trabajando para catálogos de grandes almacenes e incluso llegó a posar para una campaña de Avedon para Versace. Sin embargo, y a pesar de intentar calmar su adicción con la metadona, sus recaídas en la heroína eran cada vez más fuertes, y en 1983 la forzaron a abandonar Nueva York y su carrera de modelo. Sus últimos años los pasó trabajando en una tienda de ropa o en la cafetería de una residencia de ancianos, sin dejar las drogas por completo. En 1986 ingresó en un hospital por una neumonía y fue entonces cuando se le diagnosticó el sida. Falleció a los cuatro meses, con solo veintiséis años, y fue una de las primeras mujeres famosas que murieron a causa de la enfermedad que iba a cambiar el curso de una década marcada por los excesos.

Otra *it girl* que falleció debido al sida fue la modelo y diseñadora de joyas **Tina Chow**. De madre japonesa y padre estadounidense, comenzó su carrera como imagen de la firma Shiseido a principios de los años setenta, al mismo tiempo que se casaba con Michael Chow, propietario de la exitosa cadena de restaurantes Mr. Chow. Tras su afortunado debut en el mundo de la cosmética como modelo llegarían los objetivos de Helmut Newton y Arthur Elgort, los pinceles de Antonio Lopez y Andy Warhol y su estatus como musa de diseñadores como Yves Saint Laurent e Issey Miyake. En su vida personal, su capacidad para mezclar prendas normales con otras de firma y su sofisticada ambigüedad, mezcla perfecta de feminidad y masculinidad, la situaron entre las mujeres mejor vestidas de finales de los años setenta. Convertida en toda una *celebrity*, Chow afrontó la siguiente década con ganas de demostrar su talento creativo, y lo consiguió a través del diseño de joyas vanguardistas. Sus piezas fueron lucidas en muchos desfiles y se vendieron en los mejores establecimientos de Estados Unidos, confirmando su valía como diseñadora de joyas. Sin embargo, en 1989 llegó el divorcio del señor Chow y su vida comenzó a tambalearse, casi al mismo tiempo que recibía la fatal noticia: su test del sida había dado positivo. Al parecer, la intensa vida social que llevó junto a su marido durante dos décadas no estuvo exenta de affaires con otros hombres, entre los que se encontraba el aristócrata francés bisexual Kim d'Estainville. Con él mantuvo un idilio en 1985 y de él se infectó. Chow mantuvo una actitud memorable ante la noticia, pues fue una de las primeras *celebrities* que hizo pública su situación y luchó activamente recaudando fondos para investigar la enfermedad. Continuó diseñando, pero se trasladó a California para tratar su dolencia con meditación y una dieta macrobiótica. Fue en vano. En 1992, a los cuarenta y un años, falleció a causa de las complicaciones derivadas de su seropositividad, dejando atrás una labor ejemplar en la lucha contra el sida que todavía es recordada por diversas organizaciones.

REGRESO AL PRINCIPADO DE MÓNACO

La tercera *it girl* que representa a la perfección el estilo de vida de los ochenta es la princesa **Estefanía de Mónaco**. Cierto es que su hermana, Carolina, se le adelantó como centro de todas las miradas en los años setenta al ser un estupendo ejemplo de buen gusto y elegancia al vestir, sin embargo nunca tuvo "eso" que la habría convertido en una *it girl* cien por cien irresistible. Su excesiva corrección, a pesar de casarse con el playboy Philippe Junot y vivir intensamente la noche parisina durante esa época, siempre la mostró como una chica distante, incapaz de conectar realmente con el gran público y de ejercer una auténtica influencia en la moda. Sus aires de superioridad fueron, y creo que siguen siendo, un obstáculo para que su imagen resultara fresca; con Carolina el factor sorpresa brilla por su ausencia y esto le resta mucha emoción a todo. El caso de Estefanía, sin embargo, fue muy diferente y jamás estuvo exento de polémica. El punto de partida de su ajetreado reinado como *it girl* puede situarse en el grave accidente de coche que sufrió junto a su madre, la princesa Gracia de Mónaco. Esta falleció, y Estefanía resultó herida y quedó muy traumatizada. Hasta hoy no se ha llegado a saber si quien conducía el coche era la joven hija, como apuntan los rumores, algunos de los cuales incluso afirman que el accidente se produjo por la fuerte discusión que mantenían madre e hija volviendo de su granja de Roc Agel. Tras su recuperación, la joven de diecisiete años sufrió una presión mediática enorme, y su respuesta ante ella fue convertirse en la rebelde que su madre había visto en ella desde que era una niña (por eso la llamaba cariñosamente *wild child*). En 1983, Estefanía aceptó un puesto en el programa de aprendices de la

Convertida en estrella del pop a nivel europeo, Estefanía de Mónaco defendió en los años 80 una rebeldía aristocrática que su hermana, Carolina, jamás se atrevió a abanderar frente a los medios de comunicación.

firma Christian Dior a las órdenes de Marc Bohan, y la experiencia le sirvió después para adentrarse en el mundo de la moda como diseñadora de una colección de bañadores que, literalmente, arrasó entre los *fashion victims* de la época. Con Alix de la Comble, su compañera en Dior, presentó la firma Pool Position ante la prensa en el Sporting Club de Mónaco, y posó con unos trajes de baño que marcaron un antes y un después en la moda más sofisticada para el verano.

EL TRIUNFO DE UNA PRINCESA POP

Su atlética figura y su andrógina imagen eran bien conocidas por su legión de fans desde que, en 1984, Estefanía debutara como modelo en uno de los estupendos especiales de moda que la revista *¡Hola!* publica cada temporada. Tras ello, otras revistas como *Vogue Paris*, para la que posó frente a Helmut Newton, y la edición americana de *Vanity Fair* reclamaron su presencia y la firma de cosmética La Prairie la eligió como imagen. Para la campaña el legendario Horst P. Horst le hizo un retrato que, una vez más, insistía en su masculina imagen. A finales de los años ochenta, Estefanía se había convertido en una máquina de hacer dinero que le permitió inaugurar los cafés Replay en Mónaco y Barcelona, así como lanzar un perfume con su propio nombre. Pero la guinda del pastel la puso a partir de 1986 su exitosa carrera musical. Nadie apostaba por una princesa convertida en cantante pop, pero gracias al single *Ouragan* (titulado *Huracán* en español e *Irresistible* en inglés, de donde surgió el título de este libro, atención) demostró que su encanto como *it girl* era suficiente para llegar al número uno en toda Europa. En Francia sigue siendo uno de los singles más vendidos de la historia, y en total despachó más de dos millones de unidades. Su primer álbum, así como el single *Flash* también fueron un gran éxito en el viejo continente, y Estefanía de pronto se vio actuando en todos y cada uno de los mejores programas de televisión, sin excesiva gracia al moverse, pero con una presencia arrolladora para la época. Sus frescos y novedosos looks, con jeans rotos, botas de *cowgirl* con tachuelas, chupas de cuero, americanas *oversize*, sombreros borsalino y camisetas de tirantes, causaron sensación y la convirtieron en todo un referente para una generación de chicas que veían en la princesa rebelde un ejemplo de modernidad.

Todo parecía funcionar de maravilla en la vida de Estefanía, excepto el amor. Sus numerosas relaciones sentimentales dejaron ver algo muy evidente: su constante búsqueda de cariño en los brazos de otros hombres que no eran su padre, con el que mantenía un trato frío y distante prácticamente desde que ocurrió el accidente que se llevó a su madre. Desde inocentes y mediáticos noviazgos con chicos *it* como Paul Belmondo, Anthony Delon, Jean Yves Le Fur o Rob Lowe, hasta el que fue su gran idilio de la década, la relación con Mario Oliver. Nacido en Marsella y dedicado a ser un playboy desde muy joven, Oliver encontró en la joven princesa un auténtico filón para alcanzar una fama que en el Principado nunca fue vista con buenos ojos. Estefanía, cegada por los rubios cabellos de él, no quiso escuchar ni a su padre ni a su hermana y se sumergió en un romance perseguido por los paparazzi y lleno de excesos con las drogas. Bajo el hechizo de Oliver, la *it girl* alcanzó su mayoría de edad mediática y comenzó a transmitir evidentes muestras de que todo se le estaba yendo de las manos.

TRAS LA TORMENTA, LLEGÓ LA CALMA

El fracaso absoluto de su segundo álbum, grabado en Los Ángeles, la interrupción de la producción de su línea de baño por causas desconocidas y los intensos años vividos, que no pasaron de balde, convirtieron a Estefanía en una sombra de lo que unos años antes había conseguido ser. La velocidad de un estilo de vida cien por cien ochentero pudo con ella, y a principios de los noventa rompió con Oliver y se lanzó en brazos de su guardaespaldas, Daniel Ducruet. Con él se alejó de los focos, mantuvo una estable relación y tuvo dos hijos. Todo fue bien hasta que Ducruet fue grabado celebrando una fiestecita privada muy subida de tono con una bailarina erótica. Tras el bochornoso incidente, que apareció en toda la prensa mundial, la princesa decidió tomar un camino que conectaba directamente con una de sus pasiones de la infancia: el circo. Refugiada en él, encontró de nuevo el amor con un domador de elefantes y decidió instalarse en una caravana circense con sus hijos. Dos años después volvió a palacio, pero se enamoró de un acróbata de circo. Con él se casó, pero, en 2004 se divorció, e inició una etapa en la que, por fin, parece haber encontrado la tranquilidad... estando sola. Marcada por la tragedia desde muy joven, Estefanía vivió su década como *it girl* con una energía y una actitud únicas; dejó un disco de europop adorable, unos bañadores irrepetibles y una vida sentimental muy, muy azarosa que reflejó muy bien cómo y a qué ritmo se consumía la vida en la década de los ochenta.

bellas y seductoras

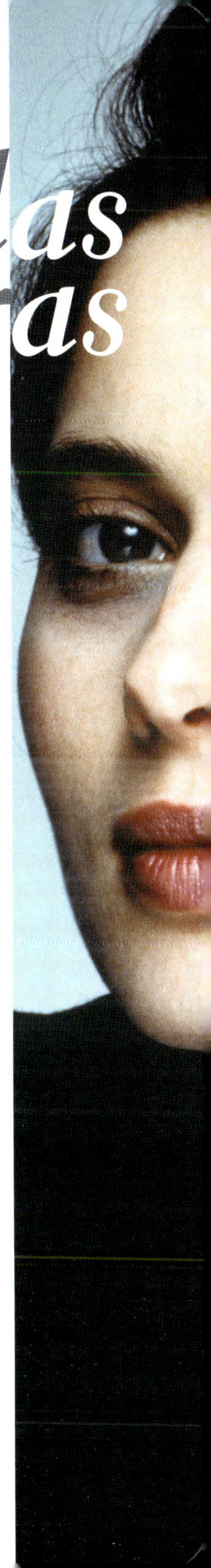

Qué sería de la moda sin sus modelos? Desde los años veinte la cámara las ha fotografiado posando con las prendas, accesorios y joyas más deseados para que las tendencias de cada época fluyeran hacia un público volcado en el tema. Tras una primera década, hasta los años treinta, en la que curiosamente las modelos destacaron por su fuerte personalidad (no hay más que revisar el trabajo ante el objetivo de pioneras como Nancy Cunard para comprobarlo), llegaron tres décadas en que se les denominó "maniquíes" y se les obligó a convertirse en bellísimas perchas de las cuales no trascendía apenas ningún dato personal. Sea como fuere, su apasionante historia confirma que el canon de belleza siempre refleja los valores culturales de cada momento y contribuye a establecerlos en una sociedad que demanda estereotipos femeninos a los que intentar imitar. Dicho esto, es lógico deducir que los cambios políticos y económicos de cada década del siglo XX conllevaron cambios en los patrones de belleza que, a veces, llegaron a ser bastante radicales. Atributos como la delgadez, la delicadeza, la blancura de la piel (hasta que comenzaron a triunfar las primeras modelos negras en los años sesenta, como es lógico), la sensualidad, el erotismo, la juventud, la nacionalidad, la clase social o la maleabilidad han sido y siguen siendo los que se tienen más en cuenta a la hora de valorar y clasificar a las modelos. Encargadas de dar cuerpo a una serie de identidades ideales con las que la sociedad sueña, se han prestado una y a otra vez a ser inventadas por los diseñadores y estilistas más geniales; como si de lienzos en blanco se tratara, las modelos se dejan interpretar sin parar en un acto de generosidad humana único que, normalmente, no es lo bastante valorado por gran parte de la sociedad. Eso sí, hay siempre una minoría, entre la que yo me encuentro, que las idolatra, que las ama incondicionalmente, y encuentra en cada una de ellas esa belleza especial que las hace parecer seres de otro mundo.

DE MODELOS ETÉREAS

Protagonistas de los ambiciosos planes de marketing de las firmas de moda desde cuando estos todavía no se llamaban así (en 1924 el creador Jean Patou ya se dedicó a reclutar modelos americanas para conquistar Estados Unidos con sus elegantes diseños, o Coco Chanel contrataba modelos a su imagen y semejanza), las modelos representan, en una dimensión irreal, la perfección social a la que muchas mujeres aspiran. Esto conlleva la existencia de una dimensión real que, como he comentado anteriormente, hasta los años sesenta no trascendió. Antes de que llegara la década que lo cambió todo, nombres propios como Marion Morehouse, Lisa Fonssagrives, Dorian Leigh, Dovima, Marilyn Ambrose, Helen Bennett, Anita Colby, Miriam Hopkins o Suzy Parker solo eran conocidos por una élite social que consideraba la moda parte imprescindible de su vida. Las aventuras y desventuras personales de este tipo de modelo etéreo y perfecto hasta un límite exagerado no llegaban al gran público a través de la prensa sensacionalista. De hecho, evitar dar que hablar y no salir en este tipo de prensa formaba parte de su trabajo y de su responsabilidad profesional ante las agencia que las representaban.

De este modo, cuando se revisan reportajes de moda de los años treinta, cuarenta y cincuenta, es imposible no sentir cierto distanciamiento ante la actitud altiva y sobrenatural de las modelos posando para el barón Adolph de Meyer, Blumenfeld, Horst P. Horst, Beaton, o Avedon. Su sofisticadísimo porte formaba parte del elevado prestigio de la moda que las revistas *Vogue* y *Harper's Bazaar* trataban de transmitir a toda costa. Y este comportamiento un tanto soberbio y arrogante era intrínseco a una generación de maniquíes que, en ningún momento, ni querían ni debían parecerse a las mujeres reales. Ni falta que les hacía. Todas ellas vivían en una dimensión paralela llena de focos, sesiones de peluquería y maquillaje y vestidos de ensueño que las atrapaba y evitaba que su condición mortal saliese a la luz, aunque obviamente existiera. Solo durante la época estival, en lugares de reunión de la alta sociedad como Capri, Portofino o Saint-Tropez, las maniquíes más célebres podían dejarse ver entre el resto de los humanos luciendo estudiados looks para la ocasión. El resto del año se mantenían presas en su fascinante firmamento, dedicadas al intenso trabajo de viajar y viajar para posar y posar según los despóticos deseos del fotógrafo estrella de turno. Así pues, su capacidad para anularse personalmente era ilimitada y cualquier oportunidad que llamara a sus puertas de ser una *celebrity* era rechazada al instante. Increíble pero cierto.

A MODELOS "CELEBRITIES"

A partir de los años sesenta todo cambió en el ámbito de las modelos, y estas protagonizaron su primera gran revolución. Una nueva generación de chicas rompió con el canon de belleza establecido por las revistas y se permitió la licencia de opinar y de aparecer a título personal en los medios de comunicación. Es muy relevante la anécdota que cuenta la llegada de la modelo Jean Shrimpton, acompañada por su novio, el fotógrafo David Bailey, a las oficinas de *Vogue* en Estados Unidos. Nada más aparecer, sin haber dormido apenas y con un look rabiosamente sesentero, la directora de la revista, Diana Vreeland, atónita ante la reveladora visión, dijo a su equipo: "Parad todo lo que estéis haciendo porque han llegado los británicos".

El estilo que irradiaban rompía con todo lo visto en la moda anteriormente; Jean y David eran como un soplo de aire fresco, joven y provocador, ¡y eso que habían subido al avión que les llevaría a Nueva York sin dormir tras una intensa y accidentada noche londinense! Su estilo dio la bienvenida a un nuevo concepto de modelo que conectaba con lo que estaba ocurriendo en la calle de día y de noche. En este sentido, su manera de vestirse coincidía con lo que triunfaba en las boutiques y su relación con los paparazzi era prácticamente diaria y bastante cercana. Chicas como Twiggy, Penelope Tree o Veruschka tenían una vida personal interesante aparte de la profesional, y cada vez que pisaban la calle para acudir a alguna fiesta o evento creaban tendencia con sus looks. Todo esto ocurría ya en los años sesenta, ¿ha cambiado en la actualidad? No, en absoluto. Las nuevas modelos de belleza inusual y estilo *sixties* llegaron para inaugurar la faceta pública y famosa de unas profesionales de la moda que, desde ese preciso instante, tuvieron que aprender a compaginar su imagen pública con su intimidad. Cierto es que algunas modelos destacaron por captar la atención mediática de un modo diferente, otras consiguieron trabajar y mantenerse en un sutil anonimato. Las primeras fueron las que, además de modelos, se transformaron en *it girls* que ejercieron una gran influencia en la moda. Es así como, por primera vez, ciertas modelos desempeñan un papel activo en ella y dejan de ser meros "escaparates andates". Su particular manera de entender las tendencias que ellas mismas lucían sobre la pasarela o frente a la cámara comenzó a resultarles cautivadora a muchas admiradoras que, en cierto modo, sentían que conectaban con unas chicas que no solo tenían un trabajo fascinante (aunque muy sacrificado, no lo olvidemos), sino que también poseían un armario alucinante del que sacar ideas nuevas y apetecibles para vestirse.

Convertidas en generadoras de tendencias a partir de los años sesenta, las modelos comenzaron a disfrutar de un nuevo estatus ante la opinión pública y, lógicamente, se dejaron querer. Como toda historia que parece una especie de cuento de hadas, tuvo desde el principio una parte complicada. Algunas modelos nunca han calculado bien el poder mediático que poseen y se han aventurado a vivir la vida a tope en ambientes tóxicos. Como consecuencia de esto, se han producido desde hace décadas multitud de noticias que han mostrado la cara más polémica de ser modelo y perder la compostura. Desde las lisérgicas fiestas que celebraba Penelope Tree a finales de los sesenta hasta las aventuras pasadas de rosca de Lauren Hutton en África en los setenta, las salvajes peleas entre Stephanie Seymour y Axl Rose en los ochenta o los más recientes capítulos protagonizados por los móviles voladores de Naomi Campbell o las andanzas festivaleras de Kate Moss con Pete Doherty. Las modelos, como *celebrities*, han tenido que resignarse a estar siempre en el punto de mira de una sociedad despiadada con los comportamientos de tipo *outsider*, porque además, en su caso, se supone que estas bellas chicas deben ser todo un ejemplo social para los demás. Se supone.

LOS PELIGROS DE LA FAMA

Nadie dijo que ser modelo iba a ser un camino de rosas. Y menos si no te conformas con posar o desfilar y te conviertes en una *it girl* perseguida por los flashes y sometida al escrutinio público día sí, día también. No hay que liberar a las susodichas de responsabilidades éticas por el mero hecho de ser modelos. Pero tampoco hay que cargarles con compromisos y obligaciones que no les corresponde. La virtud está en el punto medio. Sin embargo, la implacable prensa nunca cede a la hora de perseguir cualquier tropiezo que pueda sufrir una modelo bien conocida. ¿Es el precio de la fama y de todos los privilegios que esta proporciona? Es posible. ¿Existen casos en los que esta fama no es buscada deliberadamente y surge de un modo imposible de controlar? Sin duda. Aunque resulte poco creíble, ha habido y sigue habiendo modelos que no disfrutan siendo famosas y aceptan resignadas un lastre que les hace la vida mucho más cuesta arriba. Días malos tenemos todos, y ellas también.

"BYE-BYE", MANIQUÍES ESTÁTICAS

Tras reflexionar sobre los orígenes de las modelos populares tal y como las conocemos en la actualidad, llega el momento de desvelar el listado de aquellas que, gracias a su singular belleza y gran poder de seducción, cruzaron el límite y se convirtieron en influyentes *it girls*. La primera de ellas fue la británica **Jean Shrimpton**. Nacida en una granja, sus comienzos como modelo se remontan a 1960, cuando con diecisiete años despuntó para romper en mil pedazos la dictadura de las maniquíes aristocráticas con su belleza fresca y juvenil. Shrimpton fue la primera modelo en convertirse en una auténtica *it girl* que ejercía una influencia por ella misma en la moda. Su tumultuosa relación con el fotógrafo clave de los años sesenta David Bailey la situó en el centro de un huracán mediático que no dejó de perseguirla hasta el día en que desapareció de escena por voluntad propia. Shrimpton es la modelo que ha reunido el mayor número de "the most" (la más) a lo largo de su carrera: "the most famous", "the most photographed", "the most beautiful face"... Todo ello ayudó a convertirla en un verdadero símbolo de las nuevas generaciones de los sesenta y del *swinging London*. Apodada con el sobrenombre de Shrimp ("gamba"), por su largas piernas, su delgado cuerpo y, obviamente, su apellido, sus apariciones en revistas como *Vogue*, *Harper's Bazaar* o *Vanity Fair* son incontables. En ellas, su pelo largo con flequillo, sus enormes ojos, sus imponentes pestañas, sus cejas arqueadas y sus labios sensuales consiguieron atrapar a un público que buscaba algo realmente nuevo en el horizonte de la moda. Es muy famosa la anécdota de su primera visita a

La primera supermodelo que cambió la percepción que de ellas tenía la sociedad fue Jean Shrimpton, que se convirtió en una celebridad mundial gracias a su infinidad de portadas para las revistas *Vogue* y *Harper's Bazaar*.

Australia; con motivo de la celebración del Victoria Derby en Melbourne, Shrimpton acudió a las carreras con un minivestido blanco diseñado por Colin Rolfe, sin pamela ni guantes y con solo un reloj masculino en la muñeca. Al día siguiente su imagen convulsionaba el país y daba la vuelta al mundo, dejando claro cómo era el estilo de la nueva mujer en 1965 y confirmando hasta qué punto la imagen de esta modelo había llegado a convertirse en una referencia para el público femenino de la época. Otro hecho interesante con Shrimpton de protagonista tiene que ver con el vestido de encaje de Chantilly de Bill Blass que lució en la campaña de un nuevo pintalabios de Revlon. Nada más aparecer la imagen de la campaña en los establecimientos autorizados, la centralita de la firma de cosmética se colapsó debido a las llamadas de mujeres que querían saber dónde podían comprar el vestido. Así es como una modelo se convierte en *it girl*, gracias a fenómenos como estos. Shrimpton finalizó su relación sentimental con Bailey en 1964, aunque no dejó de ser la musa que lo aupó al puesto más alto del pódium de los fotógrafos más cotizados de la época. Después, mantuvo un comentadísimo romance con el actor Terence Stamp, otro de los iconos británicos de los años sesenta. En la década de los setenta, Shrimpton fue alejándose de la popularidad y se casó con el fotógrafo Michael Cox, tuvo un hijo y se estableció en Cornualles para dirigir un hotel de su propiedad.

Hace unos años, con motivo del 50 aniversario del *Vogue* británico, Shrimpton fue llamada para protagonizar un reportaje frente a la cámara de Bailey junto a Twiggy, Penelope Tree y Veruschka. ¡Las cuatro modelos que hicieron historia en los años sesenta reunidas de nuevo! Sin embargo, no pudo ser. De las cuatro, la Gamba fue la única que se negó en redondo, evitando así que los fantasmas del pasado volvieran a su vida. Kate Moss la sustituyó en el artículo, pero, claro, no fue lo mismo. Apartada de la fama, Shrimpton disfruta de una serena vejez y no permite que los implacables objetivos que antaño la amaron vuelvan a enfocarla.

PEQUEÑITA PERO MATONA

Teniendo en cuenta que la primera supermodelo fue Jean Shrimpton, la aparición de **Twiggy** a mediados de los sesenta supuso una vuelta de tuerca al concepto de nueva *it girl* que resultaba más efervescente tanto a nivel personal como profesional. Nacida y criada en un suburbio de Londres, Lesley Hornby comenzó a trabajar

Descubierta gracias a una prueba de peluquería por una periodista de moda londinense, Twiggy saltó a la fama mundial en tan solo dos años. Su rostro se convirtió en el más popular de la moda durante la década de los años 60.

de modelo cuando se presentó a una prueba para un nuevo peinado que el peluquero Leonard, en Mayfair, quería realizar. De la prueba en cuestión se hicieron fotografías y estas llegaron a las manos de una periodista de moda del *Daily Express*. Al ver hasta qué punto el vanguardista corte de pelo resultaba perfecto para el rostro aniñado de Hornby, la periodista no dudó en convencer a sus jefes de que la chica en cuestión representaba algo novedoso, innovador y original. De este modo, la todavía llamada Lesley Hornby llegó por primera vez al titular de un artículo que la proclamaba a toda página "El rostro de 1966". Con solo dieciséis años, 51 kilos y 1,67 metros de estatura, la sorprendente *cockney kid* despegaba hacia un destino icónico. Su novio de entonces, el peluquero Nigel Davies, se convirtió en su mánager y, para ello, se cambió el nombre por otro más sofisticado: Justin de Villeneuve. Al mismo tiempo, decidió cambiárselo también a Lesley y utilizar para ello el apodo que le puso de pequeña su familia: Twiggy ("tirillas", por su delgadísimo cuerpo). Ambos consiguieron que su imagen comenzara a aparecer en las revistas más prestigiosas del mundo y la twiggymanía empezó a invadir Londres en 1967, nada más salir la modelo por primera vez en la portada del *Vogue* británico. Muy pronto sus honorarios alcanzaron las 80 libras por hora y se empezó a comercializar una colección de minivestidos con su nombre que causó furor.

Y AL CRUZAR EL CHARCO...

La propia Twiggy ha declarado en numerosas ocasiones que ella, personalmente, odiaba su imagen, no entendía como un cuerpo tan delgado rematado con un corte de pelo a lo chico y tres pares de pestañas postizas superpuestas podía volver locos a todos los que estaban a su alrededor. El apoteósico fenómeno que su aparición desencadenó en la moda se multiplicó por mil cuando en 1967 aterrizó en el aeropuerto Kennedy de Nueva York. Allí la prensa la esperaba ansiosa por descubrir cómo era en persona la modelo de la que todo el mundo hablaba en Europa. *The New Yorker*, *Life*, *Newsweek* y los medios impresos más importantes de Estados Unidos no dudaron en dedicar páginas y páginas a la nueva *it girl* que llegaba al país para conseguir que todas las chicas imitaran su estilo transgresor y, en ocasiones, extravagante. Su imagen andrógina fue perfecta para que los cándidos minivestidos *babydoll*, las prendas de reminiscencias militares o masculinas y los looks minimalistas basados en los trajes Nehru y monos de estilo Space Age propuestos por Cardin, Courrèges, Rabanne, Saint Laurent o Gernreich lucieran como debían y, al instante, se convirtieran en todo un éxito de ventas en las boutiques. Los fotógrafos más prestigiosos, como Beaton, Avedon o Stern, Parkinson, debían pedir cita para ponerse delante de Twiggy con sus objetivos, y los resultados eran impresionantes, porque la modelo era capaz de transformarse ante la cámara de un modo imprevisible, su capacidad para ello era enorme. Sin embargo, ningún caso de éxito abrumador está libre de polémica. En esta ocasión, el singular físico de Twiggy fue visto por parte de la opinión pública como insano, y su influencia en el numeroso público adolescente que comenzó a adorarla suscitó muchas reticencias. Por el contrario, para Diana Vreeland, directora de *Vogue* en Estados Unidos, era "la perfecta chica mini para la era mini de los años sesenta". Estar tan delgada formaba parte de los genes de Twiggy. La modelo aseguró una y mil veces que comía como debía y que simplemente era una joven escuálida por naturaleza.

En 1970, tras cinco años de intensísimo trabajo, Twiggy decidió romper con Justin y abandonar el mundo de la moda. Le esperaba una carrera musical, teatral, televisiva y cinematográfica que llenaría su trayectoria de éxitos más o menos importantes. Cabe destacar sus estupendas y dispares apariciones en la portada del álbum que David Bowie publicó en 1973, titulado *Pin Ups*, y en el Show de los Teleñecos en 1976, donde interpretó el tema "In My Life" de los Beatles, que, convertido en todo un hit, le abrió las puertas de Mercury Records para desarrollar una breve pero intensa carrera como solista. En los ochenta y los noventa, Twiggy combinó cine, teatro y televisión a partes iguales, hasta que en el siglo XXI ha llegado a convertirse en una presencia constante en la televisión inglesa para hablar de moda, en imagen de la empresa Marks & Spencer y en protagonista de un exitoso blog para mujeres maduras que se preocupan por llevar una vida sana. Así es como la irresistible *it girl* de los sesenta se fue convirtiendo poco a poco en una valorada profesional que continúa asegurando que ve de un modo un tanto surrealista sus años como icono de toda una generación.

LA CARA OPUESTA DE TWIGGY

Junto a Twiggy, en los años sesenta triunfó otra modelo que poseía unas características físicas tan inusuales como ella, pero en moreno.

La vida de Penelope Tree como supermodelo fue mucho más intensa que la de Twiggy y no estuvo exenta de jugueteos con las drogas que en los años sesenta formaban parte de la contracultura juvenil que triunfaba.

Como si de su contrario se tratara, **Penelope Tree** llegó al panorama de la moda para convencer al público de que eran posibles otros cánones de belleza. Nacida en una acomodada familia, cuando fue fotografiada por primera vez por la prestigiosa Diane Arbus, con tan solo trece años, tuvo que luchar contra la opinión y las amenazas de demanda de su padre al respecto. Al final todo quedó en eso, en amenazas, y Tree pudo comenzar su carrera de modelo. Tras varios años preparándose, en 1966, a los dieciséis años, acudió al famoso Black and White Ball organizado por Truman Capote en Nueva York, luciendo un vestido túnica de largas aberturas desde la cintura que dejaban ver su *culotte* y sus medias negras. La aparición fue comentadísima y los fotógrafos Cecil Beaton y Richard Avedon no tardaron ni un segundo en llamarla para que comenzara a posar para ellos. Su carrera de supermodelo había dado comienzo. En 1967 Tree se mudó al piso que David Bailey tenía en Primrose Hill, un popular lugar de encuentro donde se reunían muchas celebrities hippies para fumar marihuana.

UNA FAMA BREVE PERO INTENSA

Fue allí donde, por ejemplo, Tree conoció a John Lennon, que se quedó impresionado por el estilo personal de la *it girl*, y la bautizó con la siguiente expresión fruto de uno de sus legendarios colocones: "Hot, hot, hot, smart, smart, smart!". Su influencia en la contracultura de finales de los años sesenta fue enorme, y durante esa época Tree apareció en las revistas más importantes protagonizando vanguardistas portadas y reportajes de moda. Sin embargo, su condición de rara avis en el ámbito de las modelos siempre la colocó en una delicada situación a la hora de conseguir trabajo. Tan pronto como fue solicitada una y otra vez por los mejores fotógrafos, comenzó también a ser rechazada porque su imagen resultaba demasiado extraña. Fue entonces cuando la *it girl* londinense comenzó a abusar de las drogas, y en 1970 cayó en manos de la policía. La vida junto a Bailey no era precisamente lo que podía ayudarla a superar sus adicciones, así que en 1974 decidió romper con él y marcharse a vivir a Sidney. Sin duda alguna, la firme determinación por cambiar de vida y huir de una vorágine que a principios de los años setenta comenzaba a ser muy decadente fue la que salvó a la todavía *it girl* Penelope Tree de acabar realmente mal. Tras una breve pero intensísima carrera, jamás se volvió a dedicar a posar como modelo, pero dejó un legado visual único que la convierte en la primera "modelo rara pero irresistible" de la historia.

LA PRIMERA MODELO CAMALEÓNICA

El cuarteto de modelos pioneras en lo que a convertirse en *it girl* se refiere lo completa la exótica **Veruschka**. De origen alemán y nacida con el impresionante nombre de Vera Gräfin von Lehndorff-Steinort, es hija de una condesa y de uno de los miembros más populares de la resistencia alemana al nazismo, ejecutado por intentar asesinar al mismísimo Hitler. Debido a esto, Veruschka pasó parte de su infancia en campos de trabajo, hasta que la Segunda Guerra Mundial finalizó. Tras ella, vivió en Hamburgo con sus cuatro hermanas, pero cuando fue mayor de edad decidió trasladarse a Florencia. Fue allí donde el fotógrafo Ugo Mulas la descubrió; Veruschka tenía veinte años y una inusual imagen que la hacía parecer el "animal más bello del mundo". En 1961 conoció en París a Eileen Ford, propietaria de la agencia Ford de modelos, que la fichó al instante. Durante la primera mitad de la década, Veruschka comenzó a trabajar continuamente con el fotógrafo Franco Rubartelli, y ambos desarrollaron un lenguaje visual único basado en un sorprendente uso de la ropa y la pintura para el cuerpo.

Mientras en los reportajes la modelo se mostraba muy versátil y camaleónica (cada día, cuando se levantaba, Rubartelli le preguntaba: "¿En quién quieres convertirte hoy?"), en su vida privada hacía gala de una gran personalidad propia a la hora de vestirse. Ataviada con looks de inspiración hippy con fuertes toques étnicos, Veruschka captaba todas las miradas cada vez que acudía a alguna fiesta con su imponente físico muy al descubierto. De este modo, la modelo se convirtió en una popular *it girl* que ejerció una gran influencia en el trabajo de diseñadores como Giorgio di Sant'Angelo, Pierre Cardin o Yves Saint Laurent. Su aparición en *Vogue* luciendo la famosa sahariana que este último creador lanzó en 1967, posando con aire salvaje en mitad de la sabana africana, la catapultó a la fama eterna en la historia de la moda. Un año antes, un cameo interpretándose a ella misma en el controvertido film *Blow-Up* de Michelangelo Antonioni (en una impagable escena en la que soportaba la presión del fotógrafo de moda que protagoniza la película, un personaje creado a imagen y semejanza de David Bailey), la había situado en una posición idónea para dar el salto al cine.

Veruschka

De origen alemán, fue Inglaterra quien primero cayó rendida ante la belleza camaleónica de una modelo que algunas veces resultaba dulce y en otras ocasiones se mostraba salvaje y agresiva ante la cámara de los mejores fotógrafos.

Tras ser una cotizada modelo en revistas como *Vogue*, Baby Jane Holzer se transformó en una de las superestrellas de Andy Warhol en la Factory, y sobrevivió al torbellino de drogas que se consumían allí constantemente.

Sin embargo, Veruschka, aunque posee una filmografía breve, prefirió seguir centrada en su trabajo de modelo, con el que ganaba más de 10.000 dólares al día en aquella época. En 1975 todo empezó a torcerse cuando la nueva directora de *Vogue*, Grace Mirabella, intentó transformarla en una modelo distinguida y burguesa, de porte aristocrático, evitando que siguiera experimentando como había hecho hasta ese momento frente al objetivo de otros grandes fotógrafos como Avedon o Beard y de artistas de la talla del genial Salvador Dalí. Ante tal intención sacrílega, la modelo se negó rotundamente a aceptar estas exigencias, y fue excluida de la élite de la moda al instante. Así fue como comenzó el declive de su carrera y como, poco a poco, se fue distanciando de la moda para no volver a trabajar en ella nunca más.

DE VUELTA EN LA FACTORY DE WARHOL

Para corresponder a las modelos que surgieron del Londres bullicioso de los sesenta, también Nueva York quiso aportar a la década un par de nombres procedentes, cómo no, de la Factory comandada por Andy Warhol. **Baby Jane Holzer** fue una de las superestrellas preferidas del artista; aparte de participar en algunos de sus experimentales films, trabajó también como actriz a las órdenes de otros directores. Holzer fue la primera estrella de la Factory en atraer la curiosidad de la opinión pública y de los medios y convertirse en una *celebrity*. Lanzada a la fama en 1963, antes de que todo esto ocurriera, por David Bailey a través del *Vogue* británico, se casó muy joven con un rico heredero y gracias a ello pudo disfrutar de un apartamento de 12 habitaciones en Park Avenue.

Diana Vreeland definió la figura de Holzer como "la *it girl* más contemporánea que conocía", debido a la gran sensibilidad que la modelo poseía para el arte, una sensibilidad que le evitó cualquier problema con las drogas en un ambiente en el que estas campaban a sus anchas. El inalterable propósito de Holzer de no tomarlas fue la razón por la que se fue alejando de una Factory que estaba sumida en el caos más absoluto. Paradójicamente, a pesar de su reticencia a tomar sustancias prohibidas, la it girl no dudó en participar en el icónico film *Ciao! Manhattan* protagonizado por Edie Sedgwick, tomando parte en un rodaje en el que el *speed* y otras sustancias más duras tuvieron un papel clave. La relación que la unió a Warhol durante los setenta y los ochenta fue muy estrecha, pues los unía la

Conocida con el apodo de International Velvet, Susan Bottomly representó la belleza suprema para Andy Warhol. En la Factory, su elegante presencia siempre destacó entre el resto de invitados de turbia procedencia.

La británica Kari-Ann Muller fue la primera *Roxy girl* de la historia, lanzada a la fama gracias a su famosa y sensual portada para el grupo de glam rock que comandaba el sofisticado Bryan Ferry, Roxy Music.

pasión de ambos por cualquier expresión artística vanguardista. De este modo, Holzer se fue convirtiendo en una aclamada productora cinematográfica y comisaria de exposiciones, además de ser una gran coleccionista de arte.

EL RITUAL DE BELLEZA PERFECTO

Susan Bottomly es la otra modelo que surgió de la órbita warholiana y se convirtió en una solicitada *it girl* en los medios. También conocida con el apodo de International Velvet, trabajó mucho de modelo para la revista *Mademoiselle* a partir de los dieciséis años, y fue introducida en la Factory por el que fue su novio en aquella época, el poeta Gerard Malanga. Con un cuello interminable y un rostro perfecto, Bottomly representó para Warhol la belleza suprema en un ambiente en el que esta, en su más pura naturaleza, brillaba por su ausencia.

Al artista le encantaba especialmente observar el ritual que seguía International Velvet al maquillarse, pues lo consideraba una auténtica *performance*, como si una preciosa estatua clásica cobrara vida y decidiera arreglarse antes de posar para el reportaje de moda más sofisticado. Bottomly llegó para sustituir a Sedgwick como musa del artista neoyorquino; participó en la mítica *Chelsea Girls*, fue objeto de un *Screen Test* y acompañó a Warhol a numerosas fiestas en clubes, restaurantes y galerías de arte. De familia adinerada, Bottomly desempeñó también un papel decisivo en el éxito definitivo de Warhol entre la alta sociedad de la Gran Manzana, ya que lo puso en contacto con financiadores de su obra a través de su influyente padre.

Tras romper con Malanga, la modelo vivió un intenso affaire con el diseñador de moda David Croland, muy popular unos años más tarde por sus ilustraciones, y después con un director de cine francés que era amigo de Marlon Brando y que la convenció de que viajara a Italia para probar suerte en el cine. La experiencia no resultó satisfactoria y en 1968 regresó a Nueva York, justo el día antes de que Warhol fuese tiroteado por Valerie Solanas. Mientras el artista se recuperaba en el hospital, Bottomly recibió su gran oportunidad: participar en el film *Cowboy de medianoche*. Sin embargo, su pequeño papel en la exitosa película no fue suficiente para lanzarla como actriz. Cuando Warhol salió del hospital las cosas en la Factory comenzaron a cambiar. El artista se hizo mucho menos accesible y otra de sus superestrellas, Viva, ocupó poco a poco el puesto de Susan Bottomly, que decidió no volverse a llamar nunca más International Velvet y desaparecer del mundo que la había adorado durante cinco intensos e irrepetibles años.

ADIÓS A LA ANDROGINIA DE LOS SESENTA

En la década de los setenta, el look de las modelos cambió radicalmente. A través de ellas se buscó un ideal de belleza que conectaba con el estilo de fotógrafos como Francesco Scavullo o Helmut Newton, expertos en sacar a las chicas muy, muy guapas. Atrás quedó la androginia y los cortes de pelo *avant-garde*, mientras que la nueva belleza de los setenta mostraba a la mujer en todo su esplendor, del modo más femenino y sexy posible. Fue así como las nuevas *it girls*, lejos de experimentar, decidieron adaptarse a la imagen que de ellas se esperaba y renunciaron a intentar romper esquemas estéticos. El factor sorpresa que en los años sesenta elevó la creatividad hasta un nivel altísimo prácticamente desapareció y el estilo, en general, se centró en transmitir un ideal de belleza que animara el complicado ambiente que se vivía a nivel social, político y económico. Así pues, las modelos aportaron una buena dosis de hermosura, de sensualidad y de sofisticación al panorama de la moda, lo cual ayudó a que algunas de ellas fueran un poco más allá y se convirtieran en chicas populares que sabían rodearse siempre de la gente adecuada y aparecían en los lugares más apropiados.

Una de las primeras en destacar fue la británica **Kari-Ann Muller**. Aterrizada en Londres a principios de los años setenta, no tardó casi nada en comenzar a desfilar y posar para las firmas de moda más importantes. En uno de los desfiles en los que participó estaba en primera fila Bryan Ferry, líder de la banda de glam rock Roxy Music. Ferry no dudó ni un instante en elegirla para la imagen de la portada del primer y homónimo álbum del grupo. De este modo, Muller se convirtió en la primera *Roxy girl*, y su popularidad como modelo creció de tal modo que muy pronto otro de los grupos clave del fenómeno glam en el Reino Unido, Mott the Hoople, la contrató para protagonizar otra portada icónica de la época. Por posar para Roxy Music, vestida como una chica de calendario por Antony Price, Muller solo cobró 20 libras, una miseria si se tiene en cuenta el exitazo del disco, que convirtió al grupo en auténticas superestrellas. Su imagen cremosa, en tonos pastel, muy *fleshy*, cautivó a toda una generación de jóvenes que la convirtieron en una chica de referencia, a la que era imprescindible invitar a las fiestas más glamurosas de Londres a mediados de los setenta. Tras varios años dedicada a trabajar de modelo, Muller probó suerte en el teatro. Fue allí donde conoció a su segundo marido, Chris Jagger, hermano de Mick, con quien fundó una familia de cinco hijos. Entonces abandonó la moda para dedicarse a estudiar y enseñar yoga hasta el día de hoy.

EL FILÓN "IT" DE ROXY MUSIC

En los años setenta las famosas portadas de chicas de Roxy Music proporcionaron otras dos *it girls* que brillaron con luz propia gracias a su fuerte personalidad e impresionante belleza. Cronológicamente, la primera de ellas fue **Amanda Lear**, que apareció vestida de cuero y acompañada por una pantera negra en la cubierta del álbum *For Your Pleasure*, de 1973. Antes de que esto ocurriera la vida de Lear era de sobra conocida por los medios sensacionalistas, fascinados por el misterio que envolvía su auténtica sexualidad. Desde sus comienzos como modelo en el *swinging London* de 1965, Lear siempre se había negado a confirmar los rumores que afirmaban un cambio de identidad sexual realizado en Casablanca en 1963 gracias a la ayuda económica de su "marido espiritual", Salvador Dalí. Debido a esto y hasta el día de hoy, jamás se ha llegado a saber a ciencia cierta si Amanda Lear es un transexual. Polémicas genitales aparte, lo cierto es que su carrera de modelo despegó en París gracias a sus trabajos para Paco Rabanne, Yves Saint Laurent y Coco Chanel, y después continuó en Londres, donde desfiló para diseñadores más rompedores como Mary Quant, Ossie Clark y Antony Price. Y mientras, Lear estudiaba arte en una escuela y se convertía en una incondicional del circuito de clubes en compañía de otras modelos *it* como Twiggy, Pattie Boyd o Anita Pallenberg.

Durante esta etapa, Lear llegó a conocer a los mismísimos Beatles, y fue Brian Jones, de los Rolling Stones, quien le presentó una noche en Chez Castel al pintor Salvador Dalí. La conexión entre ambos se produjo instantáneamente y desde ese momento Lear se convirtió en su inseparable amiga, protegida y confidente durante dieciséis años. Con él (y Gala, su mujer) recorrió las ciudades más fascinantes, mientras su carrera de modelo continuaba

Amanda Lear pasó varios años trabajando de modelo y conociendo gente importante antes de triunfar en la música con temas de estilo disco que la transformaron en una diva internacional.

cotizando al alza. En 1971 Dalí se encargó del número navideño del *Vogue* francés y no dudó en pedirle a David Bailey que fotografiara a Lear. Fue entonces cuando Bryan Ferry la descubrió e insistió en conocerla para pedirle una cita y, de paso, que posara para la portada de su disco. Gracias a ello Lear conoció a Bowie (con quien mantuvo un idilio aunque estaba casado) y plantearse seriamente iniciar una carrera como solista musical. Tras recibir lecciones de canto y baile pagadas por el propio Bowie, en 1976 Lear debutó con

La norteamericana Jerry Hall saltó a la fama gracias a la inestimable ayuda de Bryan Ferry, con quien llegó a estar prometida hasta que una noche en Studio 54 entró en su vida otro cantante llamado Mick Jagger.

una versión de un tema de Elvis Presley que no tuvo el menor éxito, pero que la puso en contacto con un productor del sello Ariola que vio su potencial y le propuso un contrato astronómico de varios años y varios discos. En 1977 apareció su primer álbum, *I Am a Photograph*, y su estilo al cantar, con una voz profunda que pronunciaba sensualmente en *franglais*, triunfó enseguida en países como Alemania, donde, acertadamente, se editó el disco con un póster interior de Lear posando en topless.

UNA ÚLTIMA VUELTA DE TUERCA

Tras su debut llegaron más *disco hits* que la convirtieron en una diva por toda Europa, su primera exposición de pinturas en París en 1979, su exitoso posado desnuda para *Playboy* y su controvertido matrimonio en Las Vegas con el aristócrata bisexual de irresistible nombre Alain-Philippe Malagnac d'Argens de Villèle. Con él formó una pareja *it* en las discotecas de moda del momento, Studio 54 en Nueva York y Le Palace en París, y por él rompió su buena relación con Dalí y su esposa, que desaprobaron el matrimonio desde el principio. A finales de los años setenta, el estilo musical de Lear abandonó el Munich *disco sound* para abrazar el *new wave rock style* y entrar así con buen pie en los años ochenta, algo que no pudo ser. Por eso, durante esta década la modelo convertida en cantante le dio una vuelta de tuerca más a su intensa trayectoria y comenzó a aparecer muy a menudo en las televisiones francesa e italiana comandadas por Silvio Berlusconi para convertirse en una exitosa colaboradora y presentadora. Sin dejar de publicar singles en francés, italiano, inglés o español, la políglota Lear incluso probó suerte como escritora de novelas aprovechando su convalecencia tras el grave accidente de coche sufrido en 1987. Hasta hoy, Amanda Lear ha seguido ejerciendo de icono cultural colaborando con fans incondicionales de su estilo en la moda y la música como Junior Vasquez, Boy George, Jean Paul Gaultier o Thierry Mugler, demostrando que la que fuera sensual *it girl* en los años sesenta y setenta continúa en plena forma, a pesar de su desconocida edad.

La tercera *it girl* lanzada a la fama mundial por las portadas de Roxy Music fue **Jerry Hall**. De origen texano, gracias al dinero que recibió como indemnización por un accidente de coche se animó a trasladarse a Francia y, mientras se bañaba en Saint-Tropez, fue descubierta por un representante de moda. Así de fácil y sencillo. Se instaló en París y compartió apartamento con otra chica que también comenzaba a hacer sus pinitos como modelo llamada... Grace Jones. Junto a ella, se sumergió en la noche parisina y conoció al ilustrador Antonio Lopez, con quien se fue a vivir. Fue entonces cuando de verdad empezó a trabajar de modelo y cuando le surgió la oportunidad de ser portada del álbum *Siren* de Roxy Music. Cinco meses después, Bryan Ferry (que, cómo no, siguió con su particular costumbre de liarse con casi todas las modelos que

A finales de los setenta, la modelo Lauren Hutton ya se podía permitir el "lujo" de poder sonreír con la boca abierta frente a la cámara y mostrar el espacio entre sus dos dientes delanteros sin vergüenza alguna.

aparecían en la cubierta de sus discos) le pedía la mano. En 1976 Hall protagonizaba el vídeo del single en solitario del artista *Let's Stick Together*, y sumaba ya más de cuarenta portadas de revistas de moda. Un año después, conoció a Mick Jagger en una cena en Manhattan y dejó a Ferry plantado por el cantante de los Rolling Stones, todavía casado con Bianca Jagger. Con Jagger formó una de las parejas *it* más perseguidas en las discotecas Studio 54 y 21 Club y consiguió llegar al estatus de supermodelo, capaz de abrir los desfiles de los mejores diseñadores de la época y de posar para artistas consagrados del arte moderno como Francesco Clemente, Ed Ruscha o Lucian Freud. Casada con Jagger hasta 1999, con quien ha tenido cuatro hijos, Hall se ha convertido en una *celebrity* a ambos lados del Atlántico que participa en obras de teatro o programas de televisión y que sigue manteniendo viva esa fascinante sensualidad norteamericana de larga melena rubia y labios rojos que la convirtió en una de las *it girls* más deseadas de finales de los setenta y principios de los ochenta.

UNA SUPUESTA (Y SANA) RIVALIDAD

En los años setenta, aparte del citado filón que supusieron las portadas de Roxy Music para dar a conocer todo tipo de *it girls*, hubo una "rivalidad" entre dos modelos que destacó sobremanera. ¿Las protagonistas? Lauren Hutton y Marisa Berenson. **Lauren Hutton** había sido durante los sesenta la modelo que más portadas de *Vogue* poseía (41 en total), encarnando el tipo de modelo guapa y elegante frente a los nuevos rostros que la modernidad londinense aupó. La condición de poderosa *cover girl* de que Hutton disfrutaba no impidió que la diastema de su dentadura (el pequeño espacio que separaba sus dientes) fuese motivo de polémica. Hasta los años setenta se le prohibió sonreír con la boca abierta en las fotografías para portadas y, cuando lo hizo, le pedían que disimulara el espacio usando cera de forense. Así se pasó más de una década una de las modelos más solicitadas de la historia, escondiendo un rasgo de su sonrisa considerado un defecto pero que, sin duda, la hacía mucho más especial frente a la cámara. En 1973 Hutton fue la primera modelo en firmar un contrato millonario con una firma de cosmética; Revlon decidió pagarle 250.000 dólares por solo veinte días de trabajo al año y el contrato se prolongó durante una década. Convertida en millonaria, la modelo decidió que nunca más iba a cerrar la boca posando ni iba a disimular su diastema, y fue entonces cuando afloró la auténtica Lauren Hutton en todo su esplendor. Su inmensa sonrisa llenó los setenta de frescura, como también lo hizo la de Farrah Fawcett-Majors, y le ayudó a conseguir un papel en la gran pantalla que le abriría las puertas del séptimo arte: la de rica y elegante adúltera en el mítico film *American Gigolo* (en el que lucía como nadie prendas de Armani combinadas con bolsos de Bottega Veneta mientras se dejaba seducir por un apolíneo Richard Gere).

A TODA VELOCIDAD HASTA QUE...

A principios de los años ochenta la popularidad de su imagen como influyente *it girl* crecía gracias a su intensa vida social en los lugares de moda (Hutton era una de las *celebrities* a quien más gustaba fotografiar al paparazzi Ron Galella dentro y fuera de Studio 54), mientras su incansable espíritu aventurero a menudo la llevaba a perderse en el continente africano junto al fotógrafo Peter Beard. Allí Hutton se sentía cómoda, lejos de los posados sofisticados y en contacto directo con la naturaleza más salvaje. Su vinculación con África ha sido esencial para ella durante toda su vida.

Igual de imprescindibles han sido las veloces motos pues la afición motera, que compartía con su gran amigo Dennis Hopper, fue otra de las caras rebeldes de la bellísima Hutton. Según el legendario actor y fotógrafo, rodar millas y millas junto a la modelo fue siempre una experiencia divertidísima, hasta que en el año 2000, de camino a Las Vegas, a 160 kilómetros por hora, para participar en la inauguración de una expo motera en el museo Guggenheim, Hutton tuvo un accidente. ¿Resultado? Múltiples fracturas en una pierna, un brazo, el esternón, varias costillas rotas y un pulmón perforado. Aun así la modelo pudo sentirse afortunada porque, antes de iniciar el trayecto, el actor Jeremy Irons le cambió el casco *trendy* que llevaba por uno mucho más sólido y reforzado que le salvó la vida. "Cuando vas en moto te sientes vulnerable, pero al mismo tiempo muy viva" es una declaración de Hutton previa al accidente que pudo ser una auténtica premonición. Recuperada a duras penas de las operaciones a las que fue sometida, la divina Hutton ha continuado trabajando de modelo y actriz ocasional sin haber aprovechado sus múltiples visitas al quirófano para hacerse retoques estéticos. Es una acérrima partidaria de la belleza natural

Marisa Berenson, nieta de la gran diseñadora Elsa Schiaparelli, fue uno de los rostros más populares de las revistas de moda en los años sesenta y setenta hasta que consiguió disfrutar de una breve pero intensa carrera en el cine.

y considera sus arrugas parte fundamental de su irresistible personalidad.

ARISTÓCRATA Y HIPPY A LA VEZ

Marisa Berenson nació en Nueva York, hija de una condesa y nieta de la famosa diseñadora Elsa Schiaparelli. Al igual que los Hutton, sus comienzos como modelo se sitúan en los años sesenta, en contraposición a las modelos lánguidas y modernas de la época, aunque en el caso de Berenson su espíritu hippy la llevó incluso a viajar a la India con los Beatles en busca de la meditación trascendental que impartía el Maharishi Mahesh Yogi. Sin embargo, fue en los setenta cuando realmente llegó a lo más alto de su carrera frente a la cámara de los mejores fotógrafos (entre los que se encontraba también su inseparable hermana Berry, fallecida en uno de los aviones que chocó contra las Torres Gemelas en 2001). La infinidad de portadas que hizo para *Vogue* en los setenta la catapultaron a la fama como la *it girl* favorita de Yves Saint Laurent y experta en *nightclubbing* (¡lo practicaba tanto que recibió el título mediático de Queen of the Scene!). Su estilo exótico al vestir, acompañado por su bello rostro y su imponente melena, fue una constante en las mejores fiestas de la década y, gracias a todo ello, Berenson llamó la atención de varios directores de cine muy influyentes.

El primero de ellos fue Visconti, que en 1971 no dudó en darle un elegante papel en la inolvidable *Muerte en Venecia*; después llegó el papel secundario en *Cabaret* que le valió excelentes críticas por parte de la prensa especializada y, finalmente, alcanzó la cima gracias a su papel protagonista en el drama de época *Barry Lyndon*, dirigido por Stanley Kubrick en 1975. Espléndida en la película con una enorme peluca y un encorsetado vestido, Berenson apareció en portada de la revista *Time* y, de este modo, pasó a la posteridad. A partir de ese instante, su carrera como actriz comenzó a declinar y la modelo pareció mucho más centrada en conseguir casarse de una vez por todas con el joven y apuesto barón David René de Rothschild que en otra cosa. Sus intentos de entrar a formar parte de la aristocracia europea fueron fallidos y Berenson tuvo que conformarse con casarse con un fabricante de remaches y con un abogado, de los que acabó divorciándose.

Los años ochenta proporcionaron dos *it girls* de muy diferente estilo que fascinaron por igual a un público ya mucho más

Capaz de representar la belleza femenina y masculina por igual, Isabella Rossellini consiguió ser en los años 80 una de las modelos más cotizadas y deseadas por los mejores fotógrafos de la historia.

interesado por la moda. Por una parte, triunfó **Isabella Rossellini** gracias a su belleza clásica y sosegada, siempre envuelta en prendas poco estridentes para la época. Hija de la bellísima Ingrid Bergman y de Roberto Rossellini, con solo diecinueve años se instaló en Nueva York para estudiar y comenzó una relación sentimental con el director de cine Martin Scorsese que acabó en boda. Tras divorciarse en 1982, Rossellini inició una tardía carrera como modelo que sorprendió a muchos de sus allegados. Lo suyo fue llegar y besar el santo, ya que nada más ser fotografiada por Bruce Weber para el *Vogue* británico consiguió un increíble contrato en exclusiva como imagen de la firma de cosmética Lancôme. De este modo, su rostro se multiplicó por mil en la década de los ochenta y se convirtió en una de esas imágenes ubicuas que definen el estilo de una época. Avedon, Newton, Lindbergh, Meisel, Scavullo, Parkinson, Leibovitz e incluso Mapplethorpe, todos y cada uno de estos maestros de la fotografía la retrataron para las mejores publicaciones del mundo, y sus obras se reunieron en una excepcional exposición dedicada a ella titulada *Portrait of a Woman*, organizada en el Musée d'Art Moderne de París en 1988.

INTELECTUAL, AMBIGUA, ÚNICA

Y mientras tanto, su papel protagonista en la mítica película *Blue Velvet*, de David Lynch, la confirmó como una de las actrices más interesantes del panorama cinematográfico en 1987. Llegaron los años noventa y Rossellini, que con Lynch formaba una de esas parejas *it* fascinantes, decidió mostrar su cara más atrevida protagonizando las inolvidables campañas de la firma Dolce & Gabbana y participando en el controvertido vídeo de la canción "Erotica" y el posterior libro *Sex* de Madonna, donde aparecía vestida de hombre junto a la reina del pop completamente desnuda. La afición de Rossellini por arreglarse y vestirse de forma masculina ha perdurado hasta hoy; es preciso reconocer que su belleza siempre ha tenido un aire muy intelectual y algo andrógino, y que de hombre ha estado igual de guapa que de mujer, un hecho que le ha permitido trabajar de modelo de un modo muy camaleónico. En 1996 Rossellini fue despedida de muy mala manera por Lancôme, con el pretexto de que era demasiado mayor para continuar siendo la imagen de la firma. Con más de cuarenta años, tras haberse dedicado a la moda y el cine intensamente durante dos décadas, Rossellini decidió relajarse y concentrar gran parte de sus energías en causas humanitarias tan dispares como proteger la naturaleza, las artes, la danza o el Central Park, o entrenar perros para ciegos y ser embajadora de Unicef. Hoy la bella Isabella Rossellini vive una apacible vida familiar entre Nueva York y Roma, y solo acepta papeles secundarios de calidad en series y films, mientras que trabajar de modelo ya se lo deja, por ejemplo, a su hija, Elettra Wiedemann.

EL SPOT DE JEANS MÁS FAMOSO

La otra modelo que se transformó en onmipresente *it girl* a lo largo de los años ochenta fue **Brooke Shields**. Nacida en Nueva York, su primer trabajo como modelo lo realizó frente a la cámara de Scavullo en una campaña para una empresa de jabones ¡con solo once meses! De pequeña trabajó muchísimo para la agencia Ford, de hecho, esta agencia creó el departamento de modelos infantiles por ella. En 1978, cuando tenía doce años, Shields aceptó el papel de jovencísima prostituta en el polémico film *La pequeña*, de Louis Malle. El hecho en sí hizo que la modelo apareciese en los medios como centro de un intenso debate acerca de los límites de la participación infantil en el cine y la televisión, y gracias a toda esta controversia, un joven diseñador de moda que cotizaba al alza en la Gran Manzana se fijó en Shields, la modelo perfecta para representar un nuevo concepto de mujer. Su nombre, Calvin Klein.

En 1980, con catorce años y poco después de conseguir ser la modelo más joven que había aparecido en la portada de *Vogue* en Estados Unidos, Shields protagonizó el spot televisivo que la encumbró como icono absoluto de la década. En él se vestía con unos jeans de Calvin Klein y después susurraba ante la cámara que entre sus vaqueros y ella no había... nada. El escándalo estaba servido, y la pareja formada por Klein y Shields no dudó en plantarle cara acudiendo juntos a la discoteca Studio 54 para dejarse ver y dejarse querer por los enloquecidos paparazzi. Fue así como la carrera de Shields como modelo despegó hacia lo más alto, hasta llegar en 1981 a la portada de la revista *Time*, que proclamó a la modelo "rostro de la década", y conseguir en 1983 que su imagen ocupara la portada de *Vogue Paris* en septiembre, la de *Vogue* en Estados Unidos en octubre y noviembre, y la de *Vogue Italia* en diciembre. Algo nunca visto hasta la fecha. Mientras su meteórica carrera de modelo tocaba techo, su trabajo como actriz le proporcionaba grandes éxitos de

Gracias al diseñador Calvin Klein, la jovencísima Brooke Shields se transformó en uno de los rostros clave de la década de los ochenta, con su imponente melena castaña, sus labios carnosos y sus pobladas cejas.

taquilla, aunque no de crítica, como su participación en *El lago azul* o *Amor sin fin*. Y si eso no fuera suficiente, se la empezó a relacionar con el rey del pop, Michael Jackson, con John-John Kennedy, con Liam Neeson y con George Michael. Sin tratar de disipar dudas en torno a estas supuestas relaciones sentimentales, lo más destacable de Shields en este aspecto fue su firme defensa de la virginidad a lo largo de una década marcada por la promiscuidad sexual y por todo tipo de excesos asociados a ella. Brooke Shields fue quizá la *it girl* más precoz de todas las que aparecen en este libro y, como decía Eileen Ford, prohibirle serlo era una estupidez, porque desde muy joven actuaba y pensaba como una persona mucho más mayor.

SOLO UNA ENTRE TODAS

A finales de los ochenta y principios de los noventa se produjo el fenómeno top-model en la moda. Una generación de modelos acaparó la atención mediática y llevó su profesión a lo más alto dedicándose también al diseño de prendas y accesorios y de la cosmética. Linda, Christy, Naomi, Cindy, Claudia, Stephanie, Tatjana, Helena..., es curioso que entre tantas chicas excepcionales no surgiese una auténtica *it girl* que fuera más allá de las portadas, los reportajes, las campañas y los videoclips que protagonizaron. Hubo que esperar al final de este fenómeno para descubrir quién de todas ellas iba a perdurar en la década de los noventa y se iba a convertir en su rostro, iniciando una carrera como *it girl* que prosigue hoy en día. Fue en 1990 cuando **Kate Moss** apareció por primera vez en la portada de una conocida revista; la desaparecida fotógrafa Corinne Day fue quien descubrió en el aeropuerto JFK de Nueva York a la pecosa joven británica, de dieciséis años, y quien no dudó en proponérsela a la revista *The Face* para protagonizar una portada con el titular "El tercer verano del amor", en pleno auge de la cultura *acid* y del uso del éxtasis en interminables *rave partys*.

Moss conectó de este modo por primera vez con un público joven, denominado Generación X por los medios de comunicación, que encumbraría el estilo grunge tres años después. Hasta ese momento la modelo se dejó querer por diseñadores como Versace y posó para Avedon para sus campañas, formando parte de la última etapa del fenómeno top-model, aunque ella se considerara más bien una antisupermodelo. Este fenómeno acabó muriendo de éxito.

Las excentricidades de algunas de sus integrantes fueron la gota que colmó un vaso que estaba ya demasiado lleno, y a Moss esto le vino de maravilla, porque ella representaba físicamente el canon de belleza que iba a triunfar en los años noventa, un canon que generó duras polémicas. Contratada en exclusiva por Calvin Klein, la modelo británica protagonizó algunas de sus campañas más controvertidas debido a la extrema delgadez que en ellas mostraba. Primero surgieron los rumores que hablaban de anorexia, después llegaron los que la acusaban de consumir heroína, una droga que volvía a ser actualidad por su vinculación con grupos grunge de gran éxito como Nirvana, Stone Temple Pilots o Alice in Chains. Moss se encontró entonces en el centro del huracán de un gran debate en torno a lo que los medios dieron en llamar el *heroin chic*, un debate que se convirtió en noticia sensacionalista cuando el fotógrafo de moda Davide Sorrenti murió de sobredosis en su apartamento neoyorquino, donde se encontraba con la ahora actriz rehabilitada y entonces modelo menor de edad enganchada Jamie King.

CON LA POLÉMICA A CUESTAS

Ante tal panorama, las revistas de moda más importantes abandonaron su obsesión por llevar el estilo grunge hasta límites visuales realmente insanos, y Moss tuvo que defenderse como pudo de las acusaciones que le llovían mientras mantenía un apasionado romance con Johnny Depp que, la verdad, poco ayudaba a limpiar su maltrecha imagen.

Huyendo de ella y tras su amarga ruptura con Depp, Moss se refugió en los brazos del editor de moda Jefferson Hack y consiguió reorientar su carrera hacia la cima de nuevo, pues protagonizó 30 portadas del *Vogue* inglés y 19 de la revista *W* ante los mejores fotógrafos de moda. Mientras sus campañas se multiplicaban por mil y su estilo personal al vestir (denominado boho-chic por los medios) comenzaba a causar sensación entre un público global gracias a la aparición de internet, Moss encontró tiempo para ser madre y en 2002 tuvo una niña a la que llamó Lila Grace. Todo parecía ir de maravilla hasta que se produjo la ruptura con el padre de su hija, Jefferson Hack. Entonces Kate Moss encontró el amor el día que cumplía treinta y un años con el músico Pete Doherty, exlíder de la banda The Libertines y declarado consumidor de todo tipo de drogas duras. La tóxica relación que se estableció entre ambos aparecía

Surgida de un suburbio de Londres, Kate Moss formó parte de la última etapa del fenómeno top-model a principios de los años noventa, justo antes de que el movimiento grunge explotara en todo el mundo.

a diario en las portadas de la prensa sensacionalista mundial y terminó por estallar cuando la modelo fue captada con un móvil consumiendo cocaína compulsivamente en un estudio de grabación donde también estaba Doherty. Ante tal hecho, y tras perder varios de sus sustanciosos contratos con firmas como H&M, Chanel o Burberry y recibir serias amenazas por parte de Jefferson Hack respecto a la custodia de su hija, Kate Moss no tuvo más remedio que pedir disculpas, afrontar la realidad y reconocer sus diversas adicciones. Un año tardó en recuperarse de ellas, y durante esta difícil etapa muchas voces de la moda y la música no dudaron en demostrarle su apoyo, denunciando la hipocresía con la que el *fashion system* había tratado algo que estaba ahí desde siempre y, lógicamente, continua estando: el consumo de drogas en un ámbito liberal como es el de la moda.

En 2006 Moss regresó por la puerta grande, protagonizando nada más y nada menos que 18 campañas de diferentes firmas de moda y cosmética, demostrando así que la *it girl* renacía de sus cenizas para finalmente llegar a ser la segunda modelo mejor pagada en los últimos años, solo por detrás de la brasileña Gisele Bündchen. Aparte de esto, Kate Moss encontró la felicidad conyugal junto a Jamie Hince, líder de la banda The Kills, y ha pasado de ser la *it girl* con mayor influencia en la moda de las dos últimas décadas a convertirse en un auténtico icono de la moda internacional, cuya imagen aparece incluso en valiosos cuadros de Lucian Freud, fascinantes portadas de Bryan Ferry y exitosas exposiciones de Mario Testino, mientras desarrolla una labor filantrópica centrada en ayudar a los niños víctimas de la guerra y en luchar contra el cáncer y el sida. Solo sus continuos conflictos con la organización por los derechos de los animales PETA por su irremediable afición por vestirse con pieles de animales empañan de vez en cuando una imagen que, finalmente, parece restablecida por completo. ¿Hasta cuándo? *Chi lo sa*, con Kate Moss nunca, nunca se sabe.

sexys e ingeniosas

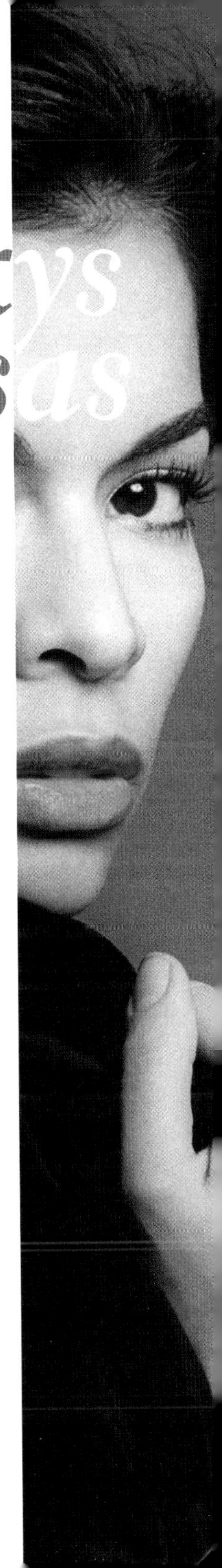

Diversión y belleza son dos términos que casan de maravilla. Y cuando se trata de *it girls*, más todavía. Desde los años sesenta hasta la actualidad, todas las chicas con "eso" que las hace especiales se han dejado ver por los lugares de moda, especialmente por los clubes o discotecas que han llegado a convertirse en lugares legendarios de la *nightlife* más efervescente. Desde que a principios de siglo y principalmente en los años veinte se organizaban grandes fiestas con orquesta en las que bailar el charlestón hasta el amanecer, ha llovido mucho. En las décadas de los treinta y los cuarenta, las fiestas privadas empezaron a espaciarse, pero en ellas las big bands sonaban a tope y popularizaban nuevos ritmos como el swing, la rumba o el chachachá. Mientras esto sucedía, en Estados Unidos los clubes lo tenían cada vez más difícil debido a la prohibición de vender bebidas alcohólicas. Solo uno se saltaba la ley, y quizá por eso se rumoreaba que era propiedad de Al Capone. Se trata del famoso Webster Hall neoyorquino, fundado en 1886 y considerado el primer club de la historia. Abolida la prohibición, la Gran Manzana vio como florecían nightclubs como el 21 Club, el Copacabana, el Morocco o el Stork Club, todos ellos con grandes orquestas amenizando el sofisticadísimo ambiente. En este tipo de lugares era muy habitual ver a muchas de las *it girls* pioneras de las que se habla en la introducción de este irresistible libro. Vestidas de corto en los años veinte o de lo largo en los treinta, siempre se dejaban ver por unos clubes que les servían para ganar popularidad y para ejercer una influencia en la moda que, después, se transmitía al gran público a través de las crónicas sociales de los periódicos y revistas de moda más importantes. En los años cuarenta, con el estallido de la Segunda Guerra Mundial, no hubo ni tiempo ni ganas de frecuentar clubes en Nueva York (solo funcionaron con éxito lugares para blancos como el Connie's Inn y el Cotton Club, que paradójicamente estaban en el barrio negro de Harlem), aunque cabe destacar el modo en que la resistencia francesa reaccionó ante la ocupación nazi en este sentido. Los franceses se reunían en sótanos escondidos que llamaron *discothèques*, donde escuchaban swing, jazz o bebop en algún tocadiscos; estos locales estaban controlados por jóvenes provocadoramente bien vestidos a los que se denominó *zazous*.

Tras el conflicto bélico, las ganas de fiesta regresaron poco a poco a Estados Unidos, y las clásicas orquestas empezaron a ser sustituidas por una máquina que iba a ser la gran protagonista de los años cincuenta: la *jukebox*. Al principio diseñada como una especie de cajón portadiscos en el que elegir la canción deseada, se transformó después en una sublime máquina de formas redondeadas y llamativas luces de colores que hacía las delicias de una juventud que solo quería moverse al ritmo del nuevo rock'n'roll y del soul que producía el sello Motown. Mientras tanto, en París se fundaba el club Whisky à Gogo, en el que la legendaria cantante y empresaria de la noche Régine Zylberberg crearía la primera pista de baile, con luces suspendidas sobre ella y una cabina con dos tocadiscos donde ella misma podía poner la música adecuada sin apenas espacio entre canción y canción.

LA DISCO COMO VÍA DE ESCAPE

En la década de los sesenta, Londres lideró la manera de organizar fiestas y creó en los *coffee bars* de la zona del Soho, los *afternoon dancings*; el más famoso fue Les Enfants Terribles, y allí trabajaban muchos franceses e italianos que estaban aprendiendo inglés en la capital del Támesis. El ambiente era muy joven y desenfadado, informal y glamuroso según las reglas de la nueva moda que llegaba de las boutiques. Al mismo tiempo que estos clubes triunfaban entre la enloquecida juventud de los sesenta, se inauguró la primera discoteca solo para socios en Berkeley Square, llamada Annabel's, y en Nueva York surgieron el Peppermint Lounge, un club que pasó a la historia por ser el primero que se animó a contratar gogós que bailaran de un modo provocador y sugerente subidos en podios que les hacían destacar entre la multitud, y el Arthur, la primera disco de Manhattan que adquirió mucha fama gracias a su sofisticada y elitista clientela. Frente a ellos, el Max's Kansas City se convirtió en el bar de moda entre la modernidad más provocadora; los artistas más *edgy* y todo el círculo que rodeaba al artista Andy Warhol y su Factory se daban cita en un local que, en principio, solo era para comer y, al final, servía para absolutamente todo a lo largo de todo el día y parte de la noche. A principios de los setenta las discotecas comenzaron a ser no solo los lugares donde las *it girls* se dejaban ver para ser fotografiadas por unos paparazzi que luego se hicieron también muy famosos, como Ron Galella, sino que además fueron el perfecto escondite para que minorías oprimidas como los gays, los latinos y los negros pudiesen expresarse con absoluta libertad a través de la música y el baile.

Como vía de escape de una realidad dura e injusta, las discos se convirtieron en espacios donde las clases sociales empezaron a mezclarse al ritmo de la nueva música funky. Fue de este modo como, poco a poco, fueron alcanzando una mayor popularidad y una mayor influencia sobre la industria musical y de la moda. El concepto "dancing all night long" vivió su primer gran momento gracias a las sesiones disco creadas con versiones extendida de los hits que en ese momento triunfaban en las listas. La cabina del DJ se transformó en un santuario y la mesa de mezclas permitió pinchar los temas sin interrupción, mientras la bola de cristales giraba y giraba sobre la pista. Bajo ella, las *it girls* más divertidas se dejaron llevar y desplegaron todo su fascinante hechizo sobre un público que comenzó a adorar su sensual estilo basado en etéreos vestidos camiseros de estilo Halston y sandalias metálicas de pulsera y tacón de aguja. A su alrededor, todo un despliegue de propuestas hedonistas que incluían, además de la música, una gran variedad de cócteles, de drogas recreacionales y de proposiciones indecentes de tipo sexual. Aceptar o no era una cuestión personal, y si la *it girl* se animaba podía visitar el *privé*, la zona vip o la zona loft para disfrutar de otras experiencias que se vivían fuera de la pista de baile. En 1977 las discotecas se multiplicaron por mil y Nueva York, especialmente, vivió su dorada época disco con abarrotados locales como Xenon, The Loft, Paradise Garage y, cómo no, Studio 54, la discoteca más famosa de la historia. En ella, su propietario y encargado,

Steve Rubell, siempre apartaba el cordón de terciopelo de la entrada para todas aquellas *it girls* que estuvieran dispuestas a sumergirse en una dimensión paralela exageradamente hedonista y libre de prejuicios. Studio 54 aportó a sus impecables sesiones musicales actuaciones en directo de los artistas más *cool* del momento; por su escenario pasaron James Brown, Diana Ross, Gloria Gaynor, Grace Jones, Village People, Anita Ward y Stevie Wonder, entre otros. Todos ellos ayudaron a convertir sus noches en una experiencia inolvidable para los asistentes, fueran *celebrities* o no, tuvieran acceso a sus míticos sótanos o no. El sueño de Rubell y su socio, Ian Schrager, duró hasta 1980 y no se ha vuelto a igualar.

DE "NIGHTCLUBBING" HASTA EL AMANECER

Durante los mismos años, en París, clubes como Le Palace o Régine's reunieron un público plagado de *beautiful people* entre los que la jet set se dejaba ver de vez en cuando. Sin embargo, con los años ochenta el estilo disco comenzó su declive y las discotecas empezaron a lavar su cara para, acercándose a la nueva música pop como fuente de inspiración, conseguir un look mucho más neón, más eléctrico, más *flashy*. Los clubes neoyorquinos como Danceteria, Area y The Limelight (situado en una antigua iglesia) fueron los que más triunfaron en la década más veloz y excesiva vivida hasta ahora. En París se llevó ir a Les Bains Douches, mientras en otros enclaves como Ibiza, con Pachá, y Manchester, con The Haçienda, empezó a desarrollarse una nueva cultura de clubes que se parecería muchísimo más al concepto vigente hoy en día. Vestidas del modo más *strecht* posible, con *stilettos* puntiagudos y bolsos *clutch* metalizados, las *it girls* volvieron a estar presentes en una escena nocturna donde la cocaína y el éxtasis reinaban en sesiones infinitas que terminaban cuando amanecía. Así pues, queda bien claro que el ocio nocturno siempre ha necesitado de *it girls*, y las *it girls* siempre han aprovechado el ocio nocturno en su propio beneficio. En este sentido, desde los años sesenta, ha habido un grupo de chicas con "eso" tan especial que destacaron por divertirse a lo grande y entregarse en cuerpo y alma, nunca mejor dicho, al desenfreno del *nightclubbing* más selecto. Veamos quiénes fueron y por qué pasaron a la posteridad más placentera.

Del entorno de Warhol todavía nos queda algo que rascar respecto a *it girls* que, lejos de acabar realmente mal, se lo pasaron

La última de las superestrellas de Warhol se llamaba Viva, y siempre destacó por su gran sentido del humor y por su inteligente entendimiento del arte más vanguardista.

fenomenal mientras alcanzaban cierta fama de chicas especialmente ingeniosas. La primera de ellas fue, sin duda, **Viva**, cuyo verdadero nombre era y es Janet Hoffmann. Su presencia en la Factory era siempre sinónimo de diversión, en gran parte debido a su agudo sentido del humor y a su gran inteligencia. Viva fue una superestrella de Warhol que tenía muy claro que lo suyo era dedicarse a escribir. Poco después se convertiría en una de las pioneras en hacer del videoarte una disciplina artística respetable en Estados Unidos. Residente del Chelsea Hotel, pasó cinco años, de 1965 a 1970, en el ojo del huracán de una comunidad *arty* que experimentó de un modo salvaje e incontrolado, algo que quedó bien patente en la autobiografía de Viva, en la que la artista no dudó en retratar el panorama que la rodeaba como "algo maníaco, muy acelerado, demasiado sarcástico". Y es que ni el propio Warhol ni su aduladora cohorte dejaban títere con cabeza cuando se trataba de abrir la boca. En esto Viva era una gran especialista, y en las fiestas a las que acudía del brazo del artista no dudaba en expresar sus opiniones del modo más divertido posible, debido a lo cual se ganó muy pronto una fama de chica dicharachera con una imagen muy estimulante. Su abundante melena, sus rasgos grecorromanos y su desgarbada figura acompañaban un intelecto que la distanció de la mayoría de los locos y locas que se prodigaban por la Factory. Cuenta la leyenda que cuando Warhol fue tiroteado, Viva estaba hablando por teléfono con él, bromeando sobre todo lo que había pasado la noche anterior. Ella era así y, por lo visto, lo sigue siendo a los setenta y dos años en Santa Mónica, donde vive tranquilamente dedicada a pintar paisajes.

Otra chica Warhol, aunque por mucho menos tiempo, fue **Patti D'Arbanville**. Descubierta por el artista en un club de Nueva York pinchando música con tan solo trece años, D'Arbanville no pudo ser contratada por él hasta que en 1968 cumplió los dieciséis. Entonces se puso frente a su cámara para participar en el mítico film *Flesh*. Tras esta experiencia rodeada de la flor y nata de la Factory, la neoyorquina decidió trasladarse a Londres para trabajar de modelo. Fue allí donde conoció al hombre que realmente la iba a lanzar al estrellato mundial como *it girl*, el cantante folk Cat Stevens, cuyos temas "Lady D'Arbanville" y "Wild World" están directamente inspirados por ella. Junto a Stevens vivió un apasionado romance que los convirtió en una de las parejas clave de principios de

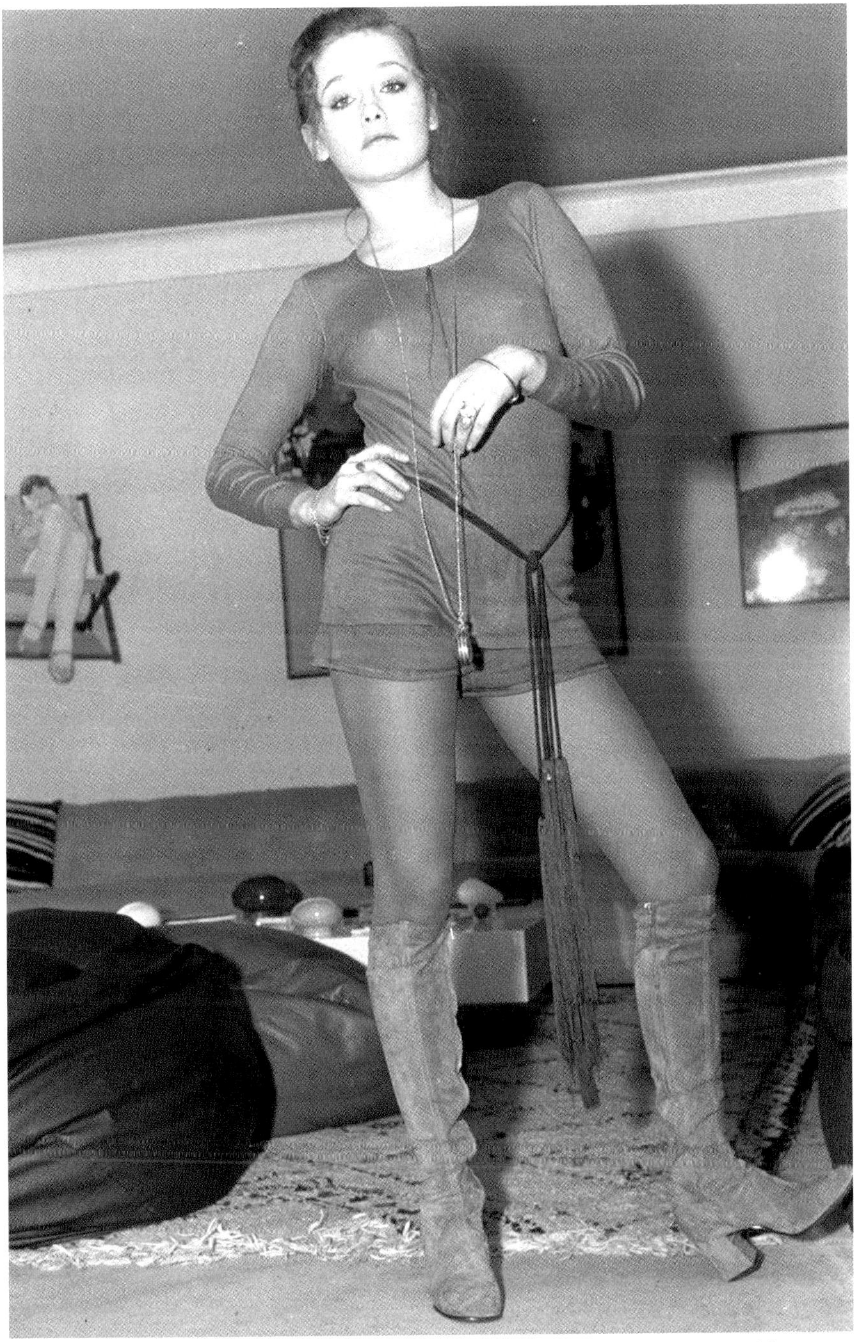

Tras unos inicios en la Factory de Warhol, Patti D'Arbanville se trasaldó a Londres para trabajar de modelo y convertirse en *it girl* gracias a su intensa relación sentimental con el cantante Cat Stevens.

los años setenta. Triunfar como modelo también en París, dejó la vieja Europa en 1973 para regresar cual hija pródiga al regazo de Warhol y participar en *L'Amour*. No obstante, después como actriz solo destacó por su papel protagonista en la controvertida película de 1977 *Bilitis*, dirigida con muy buen gusto estético y erótico por el fotógrafo David Hamilton. Con motivo de su lanzamiento, D'Arbanville fue portada de la revista *Interview* de Warhol, y en la entrevista que él mismo le realizó no dudó en expresar su desagrado respecto a la canción que Cat Stevens escribió con su nombre, porque en ella se supone que está muerta. Tras abandonar su carrera de modelo, la *it girl* convertida en mujer madura afrontó los años ochenta participando en numerosas series de televisión y enamorándose de Don Johnson en el momento en que este arrasaba como Sonny Crockett gracias a *Corrupción en Miami*. Su romance duró cinco años, y una vez terminado D'Arbanville decidió sentar la cabeza y casarse con un bombero de Nueva York. Todavía en activo y madre de tres hijos, esta precoz y bella *it girl* sigue conservando una sensualidad y un sentido del humor dignos de admiración.

LOS BEATLES VS. LOS STONES

El revuelo que generaron las dos bandas más importantes de los años sesenta, los Beatles y los Rolling Stones, siempre fue un abundante filón donde buscar *it girls* que ocuparan páginas y páginas de revistas. Una de las que más sobresalió por su especial belleza y gran simpatía fue **Pattie Boyd**. Instalada en Londres desde 1962, mientras trabajaba en una peluquería fue descubierta para comenzar una carrera de modelo que la llevó hasta el rodaje del film *Qué noche la de aquel día*, de 1964, donde George Harrison se fijó en ella y donde le hizo las famosas preguntas: "¿Quieres casarte conmigo? Y si no quieres, ¿quieres cenar conmigo esta noche?". Boyd accedió y quedaron en el club propiedad del mánager de los Beatles, Brian Epstein. Ahí comenzó un bonito noviazgo, durante el cual, en 1965, empezó la experimentación con la droga psicodélica LSD. Fue en una cena, al final de la cual el dentista de los Beatles se encargó de administrársela, añadida al café, a Boyd y a Harrison, además de a Lennon y a su entonces esposa, Cynthia. Todos ellos sufrieron los efectos de la droga, pero Boyd los sintió con mayor intensidad e intentó romper una ventana para arrojarse por ella. Harrison lo impidió y la convenció de que fueran a despejarse al

A veces Pattie Boyd es definida como una groupie que pasó de las manos de George Harrison a las de Eric Clapton. Sin embargo, ella brilló con luz propia como modelo e *it girl* a lo largo de dos intensas décadas.

La relación de Anita Pallenberg con Keith Richards, guitarrista de los Rolling Stones, duró trece años, en los que el sexo, las drogas y el rock'n'roll fueron protagonistas de sus azarosas existencias.

club Ad Lib; cuando subían hacia él ¡todos creían que el ascensor estaba en llamas! Recuperada del mal viaje, Boyd le dio el sí quiero a Harrison en 1966, mientras era fotografiada por Bailey para la portada del *Vogue* británico, y su carrera como modelo subió como la espuma. Interesada por la religión hindú tras una visita a la India, la *it girl* fue la responsable de algo decisivo en la trayectoria de los Beatles: les convenció de ir a conocer al Maharishi Mahesh Yogi, que estaba de visita en Londres. Fascinados por el encuentro, al día siguiente todos viajaron por primera vez a la India con él para aprender meditación y, debido a ello, la música de la banda dio un giro espectacular que daría lugar a la creación de su álbum más personal e influyente, *Sgt. Pepper's Lonely Hearts Club Band*.

Boyd vivió con Harrison hasta que decidió dejarle en 1974. Su abuso del alcohol y de la cocaína lo había convertido en un ser frío y distante y sus constantes infidelidades pudieron con ella. Divorciada en 1977, dos años más tarde se casó con uno de los mejores amigos de Harrison, el mismo que en 1970 le había dedicado la canción "Layla": Eric Clapton. El problema es que el virtuoso guitarrista arrastraba una potente adicción al alcohol y la heroína desde entonces y, claro, el matrimonio no fue lo que se dice un camino de rosas. Duró hasta 1984; de nuevo las adicciones e infidelidades de su pareja habían impedido a Boyd ser feliz de una vez por todas. Tras esta segunda experiencia, la que fuera supermodelo decidió centrarse en su gran pasión, la fotografía, y comenzó a realizar exposiciones que todavía se celebran con gran éxito.

En el entorno de los Rolling Stones hubo una *it girl* que destacó sobremanera entre las demás, y su nombre fue **Anita Pallenberg**. De origen italiano y afincada en Alemania, Pallenberg sobresalió en primer lugar por poseer una inteligencia por encima de la media, que le permitió desde bien joven hablar fluidamente cuatro idiomas, estudiar medicina y, a la vez, restauración de cuadros y diseño gráfico. En 1965, mientras trabajaba también de modelo para sacarse un dinero extra, conoció al Rolling Brian Jones e inició una relación con él que acabó fatal en 1967, durante un viaje a Marruecos. Jones tuvo un comportamiento violento con ella y Pallenberg decidió dejarle, tras lo cual cayó en los brazos del compañero de grupo Keith Richards. En ese preciso momento y a ojos de la prensa, la modelo fue vista como una vulgar groupie que había tenido la suerte de protagonizar *Barbarella*, el film de culto de estilo

Tras una extensa carrera cinematográfica en Hollywood durante los años cincuenta y sesenta, Elsa Martinelli se transformó en una aristócrata dedicada a disfrutar de la *dolce vita* en las fiestas más espectaculares de París.

space age, junto a Jane Fonda, y que iba a pasar por la cama de todos los Rolling Stones, pero las cosas no fueron así. La historia de amor, drogas y rock'n'roll entre ella y Richards duró hasta 1980, y su figura ejerció una influencia determinante en la evolución de la banda a lo largo de los años setenta, tanto estética como musicalmente. Cuenta la leyenda que cuando le dejaron escuchar algunos temas del mítico álbum *Beggars Banquet*, Pallenberg no dudó en criticarlos, y Jagger tuvo muy claro que hacía falta remezclarlos de nuevo (igual que tuvo muy claro que debía contratarla para protagonizar el film *Performance* junto a él). Mientras tanto, su personalidad fue haciéndose cada vez más peculiar; obsesionada con la magia negra, hubo una época en la que se ponía en la cama un collar de ajos para ahuyentar a los vampiros, llevaba consigo una coctelera con agua bendita y, muy a menudo, realizaba rituales y hechizos. Es probable que su adicción a la heroína tuviera mucho que ver en su extraño comportamiento, sin embargo, hay que reconocer que su fortaleza ante esta letal droga resultó increíble, en comparación con la de Richards. En 1977 la policía detuvo a Pallenberg por posesión de estupefacientes; en realidad, lo que hizo ella fue evitar con su detención que Richards fuera a la cárcel en medio de una importante gira de los Rolling. En 1979, un jardinero de dieciocho años que la pareja había contratado para que trabajara en su mansión se disparó en la cabeza sobre la cama de Pallenberg mientras Richards estaba de gira en Europa; obviamente, el joven mantenía una relación con ella y... poco más. La policía declaró que el joven se había suicidado y que ella no estaba allí cuando sucedieron los hechos. Sin embargo, hay rumores que señalan el peligroso juego de la ruleta rusa como causa del dramático incidente. A consecuencia de esto, Richards se divorció de Pallenberg y ella decidió rehabilitarse. Hasta hoy ha conservado el estatus de exmujer con mayúsculas de Richards y madre de dos de sus hijos, mientras, además, se graduaba como diseñadora de moda en la escuela de arte Central Saint Martins de Londres y se iniciaba como DJ en algunos eventos, acompañada por fans incondicionales como Kate Moss.

Dejando a un lado la música, el cine de los años sesenta y setenta también proporcionó un buen número de *it girls* que se lo pasaron en grande por el día y, sobre todo, por la noche. Empecemos por una veterana del séptimo arte que, durante las décadas de las flores y del rock'n'roll, se transformó en una auténtica *party animal*.

Su nombre: **Elsa Martinelli**. Introducida en la moda en 1953 a través de su descubridor, el gran diseñador italiano Roberto Capucci, Martinelli trabajó varios años de modelo antes de conseguir debutar en Hollywood junto a Kirk Douglas. A partir de este momento y hasta finales de los años sesenta participó en infinidad de películas como *partenaire* de actores tan importantes como Marlon Brando, Charlton Heston, Orson Welles, John Wayne o Robert Mitchum. Casi todos sus films tuvieron un gran éxito, pero fue especialmente la superproducción ambientada en África *¡Hatari!* la que la consagró ante el gran público. Casada con un conde y madre de una hija, Martinelli se convirtió en una aristócrata que se dejaba querer por el séptimo arte y por las revistas más populares de la época, como *¡Hola!*, que le dedicó numerosas portadas a lo largo de los años sesenta. Martinelli se vestía a la moda sin necesidad de provocar demasiado gracias a su increíble belleza natural, sin embargo, su estatus de *it girl* se confirmó todavía más cuando en 1968 se separó del conde y se unió al fotógrafo de *Paris Match* Willy Rizzo. Con él formó una de las parejas clave de la noche parisina, acudiendo a las fiestas más vip ataviada siempre con deslumbrantes modelos firmados por Paco Rabanne o Pierre Cardin. Despreocupada de su carrera cinematográfica y sin ningún problema económico, Martinelli se dedicó a disfrutar de la *dolce vita* a la que en los años setenta se entregaba una jet set incansable. Los años pasaron y Elsa Martinelli fue desapareciendo del papel couché, dejando atrás un legado de looks impecables a través del cual es posible revisar todas las tendencias que triunfaron en las décadas de los cincuenta, los sesenta y los setenta.

A LA SOMBRA DE PETER SELLERS

Como Martinelli, **Britt Ekland** se transformó en una destacada *it girl* gracias al cine, pero en su caso, igual que ocurrió con las chicas de las que hablaré a continuación, la existencia de un poderoso hombre detrás fue determinante. Tras Ekland estuvo el popular actor Peter Sellers, con quien se casó en 1964 después de haberse instalado en Londres para trabajar de modelo como lo había hecho hasta ese momento en su Estocolmo natal. Como pareja de Sellers, Ekland se hizo muy popular gracias a su belleza nórdica y al buen gusto con que reinterpretaba las tendencias más *cool* de su época. Sus looks al llegar a los aeropuertos fueron siempre una referencia esencial para aquellas mujeres que se sentían fascinadas por el auge

Después de un complicadísimo matrimonio con Peter Sellers, la sueca Dritt Ekland consiguió convertirse en una famosa chica Bond en los años setenta y formar nueva pareja con el cantante Rod Stewart.

del *prêt-à-porter* en los años sesenta. Su convivencia con el histriónico Sellers, sin embargo, no fue todo lo apacible que debió ser; por una parte, el complicado carácter del cómico, con intensos episodios de ansiedad, celos y paranoia, chocaba con el de Ekland y, por otra, su maltrecha salud tampoco ayudó mucho. Una noche quería experimentar una nueva práctica sexual con ella decidió tomar un estimulante llamado *poppers* y, como consecuencia, tuvo ocho ataques al corazón en tan solo tres horas. Visto el panorama, Ekland no dudó en quedarse embarazada lo más rápido posible, de este modo tanto su vida personal como profesional se relajaron por un período de tiempo que fue el más feliz de su vida. En 1968, incapaz de luchar más contra los celos que Sellers sufría cada vez que le tocaba grabar un film junto a algún apuesto actor, Ekland se divorció y encontró el amor en los brazos de un productor gracias al cual protagonizaría el gran papel de su vida y se convertiría en una de las chicas Bond más famosas de la historia. Se trataba de la película *El hombre de la pistola de oro*, rodada junto a Roger Moore en 1974. Ekland rentabilizó enormemente su nuevo estatus y, tras volverse a separar, conoció en una fiesta al cantante Rod Stewart a través de Joan Collins. Juntos formaron una pareja deseadísima en la segunda mitad de los años setenta, sensual y salvaje, perfecta para consolidar el nombre de Britt Ekland como uno de los más populares a lo largo de dos intensas décadas que no desperdició en absoluto.

EL DÚO MÁS SAINT LAURENT

Hombres de muy diferente talante auparon *it girls* que, gracias a ellos, se convirtieron en personajes siempre presentes en el papel couché. Por ejemplo, el maestro de la moda Yves Saint Laurent fue el responsable de que dos de sus musas, **Lou Lou de la Falaise** y **Betty Catroux**, formaran el dúo más habitual de las *non-stop party* del panorama internacional. La primera fue nombrada por *The New Yorker* “la quintaesencia de la bohemia de la Rive Gauche”, haciendo referencia a la nueva moda que surgía de la orilla izquierda del Sena, donde los estudiantes tenían sus cuarteles para debatir sobre cuestiones sociales y políticas. Hija de una modelo y un marqués, Falaise fue íntima amiga de Saint Laurent hasta su muerte, y uno de los honores que conquistó gracias a esta gran amistad es el de haber sido la principal inspiración del creador cuando en 1966 diseñó su famoso esmoquin o *tuxedo* para mujeres, llamado

Siempre a su lado hasta el fin de sus días, Betty Catroux y Lou Lou de la Falaise fueron las musas y colaboradoras preferidas del gran diseñador Yves Saint Laurent, tanto de día como de noche.

Le Smoking, acompañado por etéreas blusas semitransparentes. Antes de trabajar en París para este diseñador, Falaise había residido en Nueva York, donde trabajaba de modelo para *Vogue* en Estados Unidos y colaboraba con Halston en el diseño de tejidos estampados. Experta en compaginar su carrera frente a la cámara con un rol mucho más activo en la moda, en su momento llegó a afirmar: "Para mí una musa es una persona muy glamurosa y a la vez pasiva, y yo soy una dura trabajadora. Trabajo de nueve a nueve e incluso hasta las dos si hace falta". Encargada del diseño de accesorios y joyas para Yves Saint Laurent, Falaise supo cómo impregnar todo su brillante trabajo con su excéntrica manera de vivir la moda, y consiguió también desbloquear muy a menudo la genial, pero intoxicada, mente del creador parisino. La sola presencia de la *it girl* a su alrededor vestida como una moderna Desdémona o como una juvenil Marlene conseguía siempre hacerlo revivir en todos los sentidos.

Casada brevemente a finales de los sesenta, Falaise no volvió a contraer matrimonio hasta 1977, en una boda que fue estéticamente controlada por Saint Laurent hasta el más mínimo detalle. Tanto los novios como los ilustres invitados fueron vestidos por él, y Falaise lució un atuendo de inspiración árabe con turbante y pantalones *harem* que salió en todas y cada una de las revistas más prestigiosas del mundo. Dedicada a la moda en cuerpo y alma hasta el fin de sus días, en 2011, Falaise simbolizó el chic parisino como nadie, mezcla perfecta de elegancia y rebeldía, siempre a punto para brillar en la fiesta más sofisticada o para dejarse llevar en la más descontrolada.

Su gran amiga Betty Catroux completó junto a Saint Laurent un triángulo que fascinó a toda una generación de la moda desde que a finales de los años sesenta comenzaran a dejarse ver, inseparables, mientras la firma francesa experimentaba su gran auge. Catroux comenzó desfilando como modelo para Coco Chanel y muy pronto conoció a Yves Saint Laurent en el club Regine's, del cual se convirtió no solo en su musa, sino también en su álter ego femenino hasta que el diseñador falleció. De pelo largo rubio, cuerpo desgarbado, rasgos demacrados y apariencia andrógina, era cierto que su imagen se asemejaba bastante a la del propio Saint Laurent, sin embargo, no solo el físico les conectaba. Su manera de ser, muy del estilo *laissez fare, laissez passer*, y sus múltiples adicciones también les unían inevitablemente. Ambos formaban un dúo que se tornaba peligroso *ménage à trois* cuando Falaise hacía acto de presencia.

Los tres quemaron sus barcos en infinitas fiestas en Le Palace o Studio 54 durante los años setenta y, mientras Catroux hacía gala de una fortaleza a prueba de bombas que la ha mantenido viva hasta hoy en buenas condiciones, Saint Laurent se iba hundiendo en una espiral adictiva que iba minando letalmente su delicado cuerpo y su frágil mente. Así como Catherine Deneuve se convirtió en la amiga maternal más cercana al diseñador, Catroux cumplió el papel de amiga festivalera, siempre dispuesta para salir por la noche o para viajar a Marruecos, el lugar perfecto para organizar fiestas privadas rodeados por la bellísima vegetación de los Jardines Majorelle en Marrakech o por la elegante decoración de la Villa Mabrouka en Tánger. De este modo, Betty Catroux ha pasado a la posteridad por su espíritu inquieto y por vestirse, según ella misma, como lo hacía prácticamente desde que nació, como una mujer normal y sin prestar excesivo interés por las tendencias de la moda.

LA PIONERA DEL EROTISMO DE LOS SETENTA

Un hombre clave para conocer a una de las *it girls* más destacadas de los años setenta es el cantante y compositor Serge Gainsbourg. Junto a él, una joven de origen londinense consiguió hacerse famosísima y ejercer una influencia en la moda que perdura hasta nuestros días. Su nombre, **Jane Birkin**. Conocida en el ambiente del *swinging London* gracias a su primer matrimonio con el compositor de bandas sonoras John Barry y a sus breves apariciones como modelo en los films de culto *Blow-Up* y *Wonderwall*, estas le permitieron cruzar el canal de la Mancha para participar, sin saber hablar francés, en la película gala *Slogan*, donde Gainsbourg era el protagonista masculino. Al instante, la química funcionó entre ellos y muy pronto su affaire empezó a ser noticia en la prensa. Su clímax como pareja *it* llegaría un año más tarde, en 1969, gracias a la canción de temática explícitamente sexual "Je T'Aime... Moi Non Plus". Escrita originalmente para una Brigitte Bardot que al final no se atrevió a grabarla por su provocador erotismo, Birkin no dudó en hacerlo y pasar así a la posteridad como protagonista de un tema que fue prohibido en muchas radios europeas durante bastantes años. A pesar del escándalo, el single se convirtió en un superhit tanto en Francia como en Inglaterra, donde alcanzó el puesto número 3 de la lista de éxitos. Birkin también se encargó de aparecer en la portada del álbum al que pertenece la canción, *Historie de*

Al contrario de lo que a menudo se cree, Jane Birkin no es de origen francés, nació en Londres y su estrecha relación con el país galo es debida a su larga relación sentimental con el cantante Serge Gainsbourg.

Melody Nelson, vestida con solo unos jeans de patchwork y abrazada a un muñeco de trapo que le tapaba los pechos. Su imagen de lolita cautivó al público más libre de prejuicios de la época y la lanzó a la fama. Fue el inicio de una interesante carrera como cantante y actriz. En 1973 Birkin protagonizó otro film que caldeó mucho el ambiente, *Si don Juan fuese mujer*, junto a Brigitte Bardot; con ella retozaba desnuda en la cama en una escena que cortó la respiración a más de uno. En su vida privada, junto a Gainsbourg, Birkin defendía su derecho a vestirse como realmente le apetecía; en familia, su estilo era muy hippy, bohemio, sin dejar de ser chic en ningún momento, pero por la noche su sensualidad podía alcanzar niveles poco habituales entre las famosas de aquella época. Birkin fue una precursora del erotismo que iba a impregnar la década de los setenta, y se atrevió con las transparencias cuando nadie lo hacía (inolvidable su aparición en el Festival de Cannes con un minivestido negro semitransparente y una cesta de mimbre de estilo campesino, su accesorio fetiche a lo largo de toda su vida). Gainsbourg, en este sentido, respetaba al cien por cien su modo de entender la moda, libre y sexy, y disfrutaba de su pareja (su relación duró trece años y jamás pasaron por el altar) siguiéndole la corriente y posando junto a ella en sesiones cargadas de esa elegante sensualidad que solo los franceses son capaces de conseguir. Cuando parecía que ambos iban a cruzar el límite de lo pornográfico, siempre frenaban a tiempo y demostraban que lo suyo estaba muy calculado y que no había razón para herir más sensibilidades ajenas de las que ya herían a menudo con su sola y provocadora presencia.

Vestida con trajes de las firmas que abanderaban el chic parisino, como Chloé o Sonia Rykiel, el affaire de Birkin con la moda llegó a su clímax en 1981, cuando el jefe de la lujosa casa Hermès, Jean Louis Dumas, coincidió en un vuelo con ella y vio como se le caía su cesta de mimbre del compartimento de equipaje en medio del pasillo del avión. ¡Menudo desastre! Fue entonces cuando Birkin le explicó que le era muy difícil encontrar un bolso de piel que realmente le gustara. Dumas jamás pudo olvidar el incidente y, fascinado por la belleza única de la artista, en 1984 creó el modelo Birkin de Hermès en piel negra. Cuando se lo regaló, Birkin demostró un gran agradecimiento, y durante un tiempo lució su bolso homónimo, hasta que una tendinitis la obligó a cambiar de estilo de bolso, lo cual no impidió que el modelo bautizado con su nombre se

Nathalie Delon

Convertida en una de las mujeres más populares a finales de los años sesenta gracias a su breve matrimonio con el guapísimo actor Alain Delon, Nathalie fue una de las *it girls* más solicitadas por la prensa rosa gracias a su elegancia innata al vestir y a su serena belleza al arreglarse.

convirtiera en una pieza icónica que sigue generando largas listas de espera para ser adquirido. El maravilloso *allure* de Birkin sigue en plena forma hoy, un presente en el que se dedica principalmente a seguir grabando estupendos álbumes y a colaborar con la organización Amnistía Internacional, así como en la lucha contra el sida.

Si Gainsbourg fue y siempre seguirá siendo un icono de la cultura francesa, Alain Delon no se queda muy atrás en el mismo sentido. Estuvo casado durante cinco años (la pareja se casó en 1964 y se divorció el día de San Valentín de 1969) con una joven modelo y actriz a la que se considera una de las *it girls* más bellas de la década de los sesenta: **Nathalie Delon**. Nacida en Marruecos, la joven Nathalie Barthélemy ya empezaba a ser popular en los ecos de sociedad cuando conoció a un Alain Delon que acababa de romper definitivamente con su novia de toda la vida, Romy Schneider, y había mantenido un fugaz romance (que nunca ha reconocido) con la cantante de la Velvet Underground, Nico. Convertida en Nathalie Delon por una prensa que adoraba su dulce belleza y su elegancia innata a la hora de vestirse con las prendas más chic del momento, la joven protagonizó el mítico film *El silencio de un hombre* junto a Delon, con quien tuvo a su hijo Anthony. Sin embargo, el amor les duró poco porque, según ha comentado el actor en su reciente autobiografía, "llegaron a parecerse demasiado y a tener una relación que era como de hermanos". La aparición de la cantante Mireille Darc en su vida también tuvo algo que ver en una ruptura que no debilitó la popularidad de la *it girl*, al contrario, a partir de ese momento y durante los años setenta Nathalie Delon se convirtió en una de las mujeres más deseadas tanto en Francia como en España por su talento como actriz y por su estilo personal.

Otro hombre que, gracias a su fama y gran personalidad, supo atraer a varias *it girls* que brillaron con luz propia a lo largo de los años setenta fue David Bowie. Es curioso que la ambigüedad sexual que marcó esa época de su fascinante trayectoria fuera, probablemente, el mejor imán para una serie de mujeres sexys y chispeantes que, en mayor o menor medida, se aprovecharon de su éxito para darse a conocer y adentrarse en el mundo de la moda a través de las revistas más importantes del momento. La primera de ellas, sin duda alguna, fue su propia mujer, **Angela Bowie** (Angie para los amigos, como la famosa canción de los Rolling Stones, que muchos creen erróneamente que está dedicada a ella). Se conocieron en

Desde que se casó con David Bowie a principios de los años setenta, la *it girl* Angela Bowie desempeño un papel decisivo en las decisiones que se fueron tomando a la hora de crear una de las imágenes más rompedoras de la historia del rock.

1969 y, tras solo un año de noviazgo, se casaron y tuvieron un hijo al que llamaron Zowie. Angela Bowie ejerció una gran influencia en la primera etapa glam del artista, marcada por la invención de un personaje alienígena que venía de Marte y se llamaba Ziggy Stardust. Durante las primeras giras internacionales por Estados Unidos, Japón y Europa de Bowie, Angela lo acompañó, inseparable, con su pelo corto rubio platino y su provocativo look de estilo vamp. El escándalo estaba servido en bandeja de plata. El contraste entre la imagen andrógina de Bowie, con su pelo naranja y sus atuendos entallados, y la poderosa presencia ultrafemenina de Angela llamó poderosamente la atención de la prensa, que al instante los convirtió en una de esas parejas perfectas para ocupar las páginas de sociedad. Angela le añadió a Bowie una dimensión humana que dejaba estupefacto al sector más tradicional de la sociedad británica. ¿Cómo era posible que un artista tan extraño disfrutara de una estabilidad emocional y de un entorno hogareño organizado a la antigua usanza? Era posible porque no era real.

Por una parte, Angela era una mujer controladora, manipuladora y con unas ansias de protagonismo descontroladas. A medida que fueron transcurriendo los primeros años setenta su imagen se fue haciendo cada vez más parecida a la de su marido y, al final, ambos se parecían tanto que resultaba difícil distinguirlos. También eran muy similares respecto a las adicciones que fueron desarrollando. Ambos estaban de acuerdo en que la suya fuera una pareja abierta, también a la bisexualidad. De este modo, parece ser que Mick Jagger entró en la escena del peculiar matrimonio desde el momento en que conoció a Bowie en el *backstage* de un concierto en 1973. En la época *glitter*, la revolución bi era una tendencia que cotizaba al alza y ambos, Bowie y Jagger, formaron parte de ella desarrollando una relación que fue más allá de la pura amistad. Dejándose ver juntos en Tramp, la disco de moda en Londres, o en el Max's Kansas City de Nueva York, yendo juntos a un concierto de Diana Ross, descubriendo juntos films de temática gay, sentados juntos en primera fila en un combate de Muhammad Ali... juntos, muy juntos y sin sus respectivas esposas. La leyenda cuenta que tan juntos estuvieron que un día Angela entró en el dormitorio de la casa que compartía con Bowie en Oakley Street y allí se los encontró, dormidos en la cama. Angela los despertó y les preguntó si querían café, Bowie dijo que sí, Jagger no dijo nada. Diez minutos

Si hay una cantante de coros mítica esa es Ava Cherry. Gracias a su relación sentimental con David Bowie, Cherry se introdujo en la élite musical y llegó a colaborar con una larga lista de artistas sin perder un ápice de su hermosura.

después Angela volvió con una bandeja con dos cafés y dos zumos de naranja. Así era Angie, capaz de pasar por alto cosas que en la década de los setenta fueron de lo más habituales. Con el tiempo, su distanciamiento de Bowie se hizo cada vez más evidente y, finalmente, su relación se convirtió en un matrimonio de conveniencia que duró hasta que se divorciaron en 1980. A partir de ese momento, Angela perdió todo el encanto que la había convertido en la *it girl* más andrógina de la historia junto a uno de los artistas más inclasificables que hayan existido jamás, y se dedicó a publicar memorias y más memorias en las que malmeter contra su ex por cualquier motivo.

Otra de las mujeres *it* que rodearon el mito de Bowie fue la cantante de coros **Ava Cherry**. Apodada con el apropiado nombre de Black Barbarella, su relación profesional y sentimental con el cantante entre 1974 y 1978 la situó bajo los focos del escenario de la moda, que veía en ella a una diosa de ébano rodeada por los artistas más efervescentes del momento. Manteniendo siempre las distancias, Cherry fue testigo del peor momento de la adicción de Bowie a la cocaína, cuando este editaba su aclamado álbum *Young Americans*, y, en la medida de lo posible, siempre estuvo ahí para ayudarle a superarlo, mientras lo acompañaba en interminables días y noches de fiesta. Su estilo era muy sofisticado y su divertido carácter la convirtió en la corista más popular entre los grandes de la música. Mick Jagger, John Lennon, todo el mundo amaba a Ava Cherry, y ella se dejaba querer esbozando su amplia sonrisa. Cherry guio a Bowie a través de la cultura soul, y fue quien lo llevó por primera vez al Apollo Theatre y a otros lugares donde el músico encontró las claves sonoras para dar el siguiente paso en su carrera y dejar atrás definitivamente su personaje de Ziggy Stardust. Cherry y Bowie mantuvieron su relación hasta que el artista huyó a Berlín para dejar atrás sus adictivo estilo de vida y comenzar a crear su siguiente trilogía de álbumes. A pesar de la distancia y de que Cherry empezó a cantar para otros artistas como Robert Palmer, Chaka Khan o Paul Young, la amistad permaneció entre ambos y ha perdurado hasta el día de hoy.

La tercera y última *it girl* que tuvo algo que ver con Bowie fue la groupie **Bebe Buell**. Descubierta por la agencia Ford en 1970, a los diecisiete años, su carrera como modelo alcanzó gran popularidad cuando en 1974 accedió a posar desnuda para Playboy.

De entre todas las groupies famosas de la historia Bebe Buell es, probablemente, la que tiene un currículum más extenso. Gracias a él, su estatus de *it girl* se mantuvo intacto durante toda la década de los setenta.

Sin embargo, si por algo es famosa Buell, aparte de por su extrema belleza y por su estilo supersexy al vestir, es por haber tenido affaires y relaciones con una larga lista de músicos. Teniendo en cuenta que mantuvo una relación intermitente con Todd Rundgren desde 1972 hasta 1978, hay que reconocer que Buell no perdió el tiempo en los momentos en que se apagaba. A lo largo de ellos aprovechó para meterse en la cama con Mick Jagger y David Bowie a la vez, con Jimmy Page de Led Zeppelin, con Elvis Costello, con Iggy Pop y, atención, con Steve Tyler, líder del grupo Aerosmith, del que además se quedó embarazada. Buell dio a luz una hija a la que llamaron Liv y que es, en la actualidad, la famosa actriz Liv Tyler. Hasta que no cumplió nueve años Liv no supo que Rundgren no era su padre biológico y que su madre la había alejado de Tyler por los enormes problemas que este tenía con la heroína. Dejando a un lado por un momento el auténtico culebrón que fue esta historia, hay que destacar que Buell fue una de las chicas más interesantes de los años setenta, siempre dispuesta a pegarse una buena fiesta con el músico de turno, siempre atenta a no perder ni un ápice de su belleza mientras lo hacía, siempre consciente del inmenso poder que ejercía sobre los hombres. A pesar de estar tan bien rodeada e intentar triunfar por sí misma en la música, jamás lo consiguió y solo dejó un sólido currículum como groupie que incluso inspiró al director Cameron Crowe para escribir el papel que la actriz Kate Hudson interpretó espléndidamente en el film *Casi famosos*, del año 2000.

El último hombre que he invitado a formar parte de un libro que solo está protagonizado por mujeres es alguien que acaba de salir unas líneas atrás por motivos extramusicales: Mick Jagger. Gracias a él, en 1970, se dio a conocer una modelo de origen nicaragüense que estaba destinada a convertirse en la *it girl* más sensual de la década, rodeada del ambiente hedonista más *cool* que jamás ha existido. Su nombre, **Bianca Jagger**. Educada en Francia, influenciada por la no violencia defendida por Gandhi, fascinada por la India y su cultura, Bianca había tenido una adolescencia plácida hasta que en una fiesta organizada tras un concierto de los Rolling Stones conoció a Mick. El flechazo fue indiscutible y, unos meses después, Bianca se quedó embarazada de la que es su hija Jade. En ese momento la pareja decidió casarse en Saint-Tropez, donde protagonizaron una boda histórica... por el look que los

Su apellido siempre la relacionará con el que fue su marido en los años setenta, pero Bianca Jagger supo labrarse por sí sola un camino que la llevó de reina de las discotecas a gran defensora de causas humanitarias.

novios lucían. Mick eligió para la ocasión un traje de tres piezas de color blanco bastante entallado, y Bianca pensó en darle la mejor réplica vistiéndose también con una americana blanca diseñada por Yves Saint Laurent; solo una gran pamela con velo daba un toque femenino a la imagen de una novia que dio la vuelta al mundo e hizo estallar un gran escándalo al tratarse de una ceremonia católica. ¿Una pareja de novios vestidos casi de la misma manera? ¿Dónde se había visto semejante burla hacia la Iglesia? Pues en el enlace de los Jagger, un enlace hecho a su medida. La pareja, convertida en una de las más famosas del panorama de las *celebrities* de la época, se dejó ver siempre muy feliz ante los medios, explotando el sex appeal que tenía en todos los sentidos. Jóvenes, guapos, sensuales, Mick y Bianca simbolizaban la nueva modernidad, más glam y menos hippy, sofisticada y lujuriosa, protagonista de las fiestas más libidinosas. Lógicamente, un estilo de vida tan placentero tenía que tener algún defecto por alguna parte, y el principal fue la promiscua actividad sexual de Mick en comparación con la de Bianca.

Ya convertida en madre y mientras entraba a formar parte del círculo más cercano de Andy Warhol, Bianca veía como Mick se alejaba poco a poco de ella y se dedicaba a mantener relaciones con otras personas, algunas de ellas muy conocidas. Hay una frase de la propia Bianca que deja muy claro qué pensaba de su situación en ese preciso momento: "Mi matrimonio acabó el día de mi boda". Conscientes de que seguían formando una pareja *it*, pero cada vez más distanciados, Bianca y Mick continuaron adelante a lo largo de casi toda la década de los setenta. No tenían ninguna necesidad, sin embargo parece que el vínculo entre ambos seguía vivo y el amor por su hija Jade también importaba. A mediados de la década Bianca se había convertido en una cotizada modelo y en musa del diseñador norteamericano más influyente de la época, Halston. Fue entonces cuando ella realmente voló del nido fabricado por Mick, fue entonces cuando la *it girl* brilló con mayor intensidad, formando parte de la pandilla más *cool* de Studio 54 y trabajando de relaciones públicas para una discoteca que, sin ella, no hubiera sido la misma. Una de sus actuaciones más fascinantes en el club fue cuando en 1977, con motivo de su cumpleaños, apareció montada sobre un caballo blanco en la pista de baile; otras las protagonizó bailando desenfrenadamente con el modelo Sterling St. Jacques; otras, luciendo innovadores diseños de Halston, como el famoso vestido de noche rojo con capucha o el vestido túnica blanco con hombreras; y otras, en los sillones de la zona vip en compañía de Liza Minnelli, Saint Laurent, Cher, Michael Jackson, Mijaíl Baryshnikov, Grace Jones, Ali McGraw o Truman Capote, perdiendo el control pero no la compostura. Ante el paparazzi de la disco Ron Gallela, Bianca representaba la esencia de un lugar y de una época, ante Warhol llegó a serlo todo y por eso apareció en varias portadas de *Interview* y posó ante su cámara polaroid para demostrar que, a pesar del poco interés que su marido mostraba por ella en la discoteca, era la *dancing queen* más fascinante de la historia. Ese poco interés acabó por desaparecer completamente cuando Mick, en Studio 54, conoció a la modelo Jerry Hall y se lió con ella delante de las narices de Bianca. Obviamente, el incidente fue la gota que colmó el vaso, y Bianca no dudó en pedirle el divorcio en 1978. Atrás quedaban años de infidelidades por parte de un icono musical que no supo valorar la elegancia de una mujer que además, como ha demostrado posteriormente y hasta el día de hoy, poseía una gran inteligencia y un sentido de la solidaridad muy desarrollado.

Debido a la humilde situación de su familia (ella y sus dos hermanos vivían junto a su madre divorciada en un pequeño apartamento de París), Bianca recibió una beca para estudiar ciencias políticas. Su preparación y sus conocimientos en este sentido fueron claves para que, a partir de los años ochenta, desarrollara una intensa carrera diplomática en defensa de los derechos humanos a través de organizaciones como Amnistía Internacional y la Cruz Roja. Al mismo tiempo, Bianca se volvió una infatigable defensora del planeta a través de multitud de iniciativas, como la puesta en marcha por Live Earth. ¿Cómo se pudo transformar la reina de la disco más famosa de todos los tiempos en una luchadora tenaz por los más desfavorecidos a causa de cruentas guerras? No sucedió de repente, su visita a Nicaragua en 1979 para comprobar el terror instaurado por el dictador Somoza supuso un cambio en la actitud ante la vida de una Bianca que, súbitamente, recordó sus estudios y empezó a olvidarse de tanta fiesta sin sentido. A partir de ese instante, las únicas fiestas que le han interesado han sido las destinadas a recaudar fondos para hacer de este mundo algo mejor.

Junto a Bianca Jagger, en Studio 54 brillaron otras mujeres que desafiaron las normas de estilo imperantes hasta ese momento. **Diane von Fürstenberg** fue, sin duda alguna, una de ellas. Nacida en

Tras un matrimonio aristocrático fallido, Diane von Fürstenberg encontró la felicidad en el diseño de moda, un mundo en el que entró por la puerta grande gracias a la creación del *wrap dress* o vestido cruzado.

Bruselas como Diane Simone Michelle Halfin en una familia judía que sobrevivió al Holocausto nazi, Von Fürstenberg consiguió hacerse con este aristocrático apellido gracias a su boda con el príncipe Egon von Fürstenberg. Tras ella, y decidida a aprovechar sus estudios de económicas y su experiencia en la moda gracias al tiempo que pasó trabajando con un fabricante de tejidos italiano, Von Fürstenberg, ya afincada en Nueva York junto a su marido, decidió contactar con la directora de *Vogue*, Diana Vreeland, para enseñarle algunas de sus ideas. Fascinada por un trabajo que conectaba con la idea de una nueva mujer moderna e independiente, Vreeland la animó a fundar su propia firma y a presentar por primera vez sus diseños en la Fashion Week neoyorquina. Fue entonces cuando a Von Fürstenberg se le ocurrió acortar más unos antiguos diseños de vestidos camiseros confeccionados con tela de jersey, cruzarlos por delante, atarlos a la cintura en un lado y convertirlos en una prenda más sexy. De este modo nació, en 1974, el *wrap dress*, un vestido ligero y estampado que era idóneo para mujeres que debían estar elegantes las veinticuatro horas del día. Su popularidad aumentó poco a poco a lo largo de varias temporadas hasta convertirse en un auténtico éxito de ventas de la moda en los años setenta, suficientemente famoso para ser, vestido por la propia Von Fürstenberg, el protagonista de una portada histórica del semanario *Newsweek* en 1976. La revista comparaba a la diseñadora con la mismísima Coco Chanel por su visión vanguardista de la moda y sus excelentes dotes para el negocio.

Convertida en una gran *bussiness woman* y junto a Egon, la *it girl* surgida del taller de diseño comenzó a frecuentar Studio 54, desplegando toda su exótica belleza. Sin embargo, poco a poco la pareja, a pesar de haber tenido dos hijos, se fue distanciando; parece ser que Egon no terminaba de estar interesado en las mujeres, y ella estaba demasiado centrada en su estratosférica carrera como diseñadora. Ya divorciados, Von Fürstenberg consiguió mantener su apellido, movida por razones comerciales obvias, pero tuvo que renunciar a todos los derechos sobre la increíble herencia familiar de su ex. A partir de ese momento y hasta hoy, la diseñadora ha mantenido un discontinuo idilio con el magnate de los medios de comunicación Barry Diller, mientras su firma de moda ha ido capeando temporales a lo largo de varias décadas y ha conseguido mantenerse como uno de los nombres más importantes del actual American Style, cuyas creaciones se muestran cada temporada en la Fashion Week neoyorquina.

Vestida por su diseñador fetiche, Stephen Sprouse, Debbie Harry alcanzó la gloria en el vídeo del tema "Heart of Glass", el single que llevó hasta lo más alto a la banda Blondie a finales de la década de los setenta.

La última *it girl* sexy e ingeniosa de la que me gustaría hablar en el capítulo más hedonista de un libro dedicado ensalzar "eso" que algunas chicas tienen y otras no es **Debbie Harry**, líder de la banda Blondie. Sumergida en el ambiente musical underground que se gestó a principios de los años setenta en clubes míticos de Nueva York como el CBGB tras haber trabajado de camarera en el Max's Kansas City, de gogó y de conejita Playboy, Harry encontró en el guitarrista Chris Stein al perfecto compañero de aventuras musicales y sentimentales. Con su inimitable actitud provocadora de estilo punk, su cabello rubio y su diminuto pero resultón físico, Harry se fue convirtiendo en un personaje popular en los ambientes más modernos de la Gran Manzana y, de este modo, fue preparando el terreno para lo que serían los primeros álbumes de su banda antes de que, en 1978, Blondie explotara gracias al tremendo bombazo que supuso el disco *Parallel Lines*. Una de las canciones del álbum transformó a la banda en el grupo de moda de finales de los setenta; "Heart of Glass" era al principio una canción pop más, pero en el estudio finalmente se decidió añadirle una base electrónica de irresistible estilo disco, con lo que el tema se convirtió en un hit que llegó a vender dos millones de copias solo en Estados Unidos.

En Inglaterra, mientras tanto, la Blondiemanía no había hecho más que empezar; adorada por miles de fans en Londres, la atónita Harry se convirtió en la *it girl* más deseada e imitada de 1979, y su disco, literalmente, arrasó en todas las tiendas. De vuelta a Nueva York, Debbie Harry ya no era la cantante punk que, unos años antes, luchaba por hacerse respetar entre bandas masculinas como los Ramones o Television y conectaba con otras mujeres de fuerte personalidad como Patti Smith o Joan Jett. Ahora Harry era un auténtico icono pop que lucía bellísima en el destelleante videoclip de *Heart of Glass*, vestida con un traje asimétrico diseñado por su amigo Stephen Sprouse. Ahora Harry era la que lideraba la banda de las bandas, y por eso en 1980 Blondie continuó en lo más alto gracias a un nuevo álbum, *Autoamerican*, y a nuevas canciones como "Rapture", "Atomic" o "Call Me", el tema que ponía banda sonora a la película *American Gigolo*. Tras haber vivido cinco acelerados años en los que, cómo no, las drogas también hicieron acto de presencia, la banda decidió tomarse un año de descanso. Y cuando volvió a la carga en 1982 la magia había desaparecido y el nuevo álbum fue un rotundo desastre. ¿Cuál era la mejor opción?

La separación. Ante esto, Harry decidió potenciar su carrera en solitario, mientras su pareja desarrollaba una extraña enfermedad autoinmune que le afectaba la piel y lo dejaba sin defensas. Descartada la opción del sida, Stein tuvo que lidiar con el fracaso profesional y una quebradiza salud que mantuvo en alerta a Harry hasta que, finalmente, decidieron separarse. Durante esta época, Debbie Harry luchó contra sus propias adicciones y contra un mercado musical en el que, sorprendentemente, ya no había sitio para ella. Su belleza se fue marchitando poco a poco y la provocadora actitud que había mantenido se fue debilitando. Tuvo que pasar casi una década para que el éxito volviera a sonreírle, una vez más a través de Blondie y con un tema, "María", que llegó a ser número uno en catorce países en 1998. En la actualidad la banda sigue en activo liderada por una Debbie Harry que ya es todo un icono con mayúsculas del pop, y con un Chris Stein que se encuentra más o menos restablecido de todas sus dolencias. Ahora forman una pareja profesional bien avenida y nada tóxica, atrás quedó una década que acabó por arrastrarlos hacia las profundidades del olvido mediático. Toda una injusticia que el paso del tiempo se ha encargado de reparar.

cultas y misteriosas

A lo largo del siglo XX surgieron muchas corrientes artísticas que formaron parte de las vanguardias creativas. Este término, que ya fue acuñado durante la Primera Guerra Mundial, ha servido para designar una serie de inquietudes artísticas que se situaron en la "avanzadilla" cultural de cada momento. El vanguardismo representó un fenómeno de total unidad entre muy diversos artistas europeos que se propusieron la construcción de una nueva cultura y, por tanto, de una nueva sociedad. ¿Se consiguieron dichos objetivos? En gran parte sí. Desde el punto de vista del contenido, el vanguardismo no fue ni mucho menos una tendencia unitaria, sino que estuvo formado por una gran cantidad de movimientos que fueron triunfando a lo largo de las diferentes décadas. Cada uno de ellos tuvo sus peculiaridades, sus intenciones, sus técnicas propias, sus protagonistas y sus lugares de encuentro, en los que, cómo no, se dejaron ver algunas de las primeras *it girls* que considero intelectuales y misteriosas. Sin embargo, lo que tuvieron en común todos los movimientos *avant-garde* fue el deseo de crear un arte radicalmente nuevo y que rompiese de una vez por todas con el realismo.

Por una parte, las vanguardias se consideraban internacionales; los artistas que las formaban, ayudados por el ambiente que los rodeaba, eran ciudadanos del mundo del arte preocupados por cuestiones universales más que particulares. Por otra, eran antitradicionales y despreciaban todos los temas o formas de expresión heredados de períodos anteriores. En este sentido, todos los artistas vanguardistas decidieron expresar su visión de la vida mediante la deliberada deformación de los objetos naturales, es decir, su relación con la naturaleza no se basaba en la imitación sino en la más absoluta "violación" de sus rasgos. Además, las vanguardias eran movimientos de choque, que no aspiraban a perdurar más allá de unos pocos meses o años, y preferían someterse a continuos cambios. Buscaban la originalidad, la individualidad, la diferencia y la novedad, abrían caminos nuevos hacia metas desconocidas. Teniendo en cuenta todo esto, nos encontramos ante un tipo de arte intelectual que era minoritario en su esencia y estaba dirigido solamente a aquellas personas capaces de comprenderlo. ¿Un arte elitista? Por supuesto, esto era un requisito indispensable para diferenciarse de la masa y experimentar en solitario.

EL ARTE, REFLEJO DE UNA ÉPOCA

Si respecto al aspecto humano las vanguardias buscaban desconectarse del entorno, en el aspecto social sucedió todo lo contrario. Se trató de un arte fiel a su época y por ello siempre reflejó el espíritu de su tiempo: las máquinas, el progreso, la técnica, el ocio y el deporte, todo ello desde un punto de vista positivo y, cómo no, también negativo. Así pues, estamos ante un arte deshumanizado, desprovisto de sentimientos y pasiones humanas. Quizá por ello las *it girls* que surgieron de este ambiente artístico mostraron siempre una actitud fría, altiva, distante, desafiante, misteriosa. Envueltas en simples juegos formales, las chicas que decidieron sumergirse en los ambientes vanguardistas de la mano de los artistas más rompedores que jamás hayan existido se convirtieron en protagonistas de obras y proyectos que, en la mayoría de los casos, anulaban sus fuertes personalidades y las utilizaban como meros objetos. Expuestas a métodos de trabajo espontáneos, nada premeditados y minuciosos, en busca de resultados contradictorios que hiciesen tambalear los cimientos de una sociedad moderna inmersa en un acelerado proceso de cambio, su papel fue poco valorado por los propios artistas responsables de las obras, que mantenían con ellas relaciones un tanto despóticas. Menos mal que el tiempo pone todo en su lugar y su importante presencia finalmente fue reconocida históricamente.

El humor y la metáfora fueron las dos herramientas principales del nuevo arte, creado para desmitificar y desdramatizarlo todo, para lograr llegar a un nuevo lenguaje en el que reinara la libertad absoluta del artista, una libertad llevada hasta el extremo de romper con la pura lógica o con los idiomas conocidos hasta el momento. Y mientras todos y cada uno de los artistas iniciaban un proceso individual de investigación y creación, la novedad se produjo al generarse la conciencia de grupo dentro de los distintos movimientos, manifestada en una común sensibilidad artística, en la tendencia a la institucionalización de los postulados en manifiestos y en la existencia de órganos de expresión comunes (revistas, coloquios, exposiciones, *happenings* y otras actividades). A través de ellos, las diferentes disciplinas artísticas empezaron a interaccionar libremente entre ellas, la pintura invadió la lírica, la música se trasladó al verso, la letra llegó a los cuadros, el pensamiento determinó la plástica... Y en este sentido, fue de suma importancia la aparición del cine, como amalgama de las distintas artes: música, pintura, escultura, literatura, todo ello y mucho más a través de un novedoso canal de expresión, capaz de generar nuevos mitos que superasen los ya agotados, un canal que iba a permitir a muchas *it girls* intelectuales llegar a un público más amplio.

La fractura que provocaron los movimientos de vanguardia con respecto al arte anterior estuvo íntimamente ligada a los profundos cambios políticos y sociales producidos desde principios del siglo XX. Fue entonces cuando comenzó a gestarse una nueva concepción del mundo. Los puntales de lo que había sido la ideología positivista en el siglo XIX (el libre comercio, la fe en el progreso, la redención del ser humano por el conocimiento, la felicidad a través de los avances técnicos y científicos...) se quebraron. Este proceso se aceleraría durante el transcurso de la Gran Guerra, cuando los frutos del progreso contribuyeron al horror del conflicto bélico. A partir de ahí, el "imaginado jardín de la cultura liberal" fue arrasado, y quedó deshecha una relativa coexistencia europea que había durado casi un siglo. Según George Steiner, "la calma duró desde la batalla de Waterloo hasta la de Somme".

LA GUERRA Y SUS CONSECUENCIAS

Tras un proceso traumático que cambió el mapa de la vieja Europa, deshaciendo imperios, provocando revoluciones y propiciando el ascenso de ideologías totalitarias, se comprende lo agitado que fue el llamado período de entreguerras, que coincide con la época en que las vanguardias experimentaron su mayor actividad. No hay que olvidar que la guerra condicionó personalmente a muchos artistas, bien porque participaron en ella (André Breton, Louis Aragon, Bertolt Brecht, Ernst Weiss...) bien porque desertaron de ella, como ocurrió con el grupo dadaísta con Tristan Tzara, Marcel Duchamp y Man Ray a la cabeza. La guerra también agudizó cierta idea de la inutilidad del arte por el arte, una opción que ya parecía no tener sentido en la vida moderna. A partir de ese momento, una de las principales labores del creador iba a ser la de ponerse en contra de la lógica y también de la moral, la religión, la patria o la familia, elementos que se consideraban convencionalismos de un pasado rechazable desde todos los puntos de vista. Junto a este posicionamiento tan radical, otro factor que influyó mucho en el origen y desarrollo de las vanguardias fue el referido a los adelantos tecnológicos. Los diferentes movimientos surgieron envueltos por avances vertiginosos y desconcertantes para el artista en distintos campos como el cine, el motor, la radio, la arquitectura... Estos progresos dieron lugar a una nueva sensibilidad artística y una nueva iconografía que conectaba con una nueva cultura urbana y unos nuevos hábitos de vida. Todo era nuevo, nuevo, nuevo.

Los movimientos de vanguardia fueron fundamentalmente europeos y buena parte de ellos tuvieron una raíz francesa, en la medida en que sus pautas se marcaron desde París, el principal centro de la acción. La capital del Sena, que ya había sido lugar de origen de anteriores tendencias renovadoras como el simbolismo, el impresionismo y el modernismo, también fue la que vio nacer movimientos como el cubismo, el futurismo y el surrealismo. ¿Hubo otras ciudades donde surgieron ambientes vanguardistas? Por supuesto, ahí van tres: Berlín, Zurich y Praga. En todas ellas los talleres de los principales artistas y determinados cafés y restaurantes se convirtieron en lugares donde se aglutinaba una minoría elegida cuyos componentes se influían mutuamente sin parar. Como si se tratase de un capítulo previo al de la Factory o el Max's Kansas City de Nueva York de los sesenta, durante los años veinte y treinta la vanguardia se atrincheró en el barrio de Montparnasse. De hecho, fue de allí de donde la primera *it girl* intelectual y misteriosa **Kiki de Montparnasse** tomó parte de su nombre.

Su auténtico nombre era Alice Prin, y durante los años veinte fue una agitadora cultural que compaginó su compromiso vanguardista con su trabajo de modelo, actriz y cantante de nightclub.

La modelo, actriz y cantante de nightclub Kiki de Montparnasse fue uno de los personajes más populares del barrio parisino donde se gestaron la mayoría de las vanguardias artísticas del siglo XX.

A los catorce años, Kiki comenzó a relacionarse con el mundo artístico al decidir comenzar a posar desnuda para cotizados escultores. Ante esto, su madre puso el grito en el cielo, pero poco pudo hacer frente al fuerte carácter de una hija que iba a vivir la vida muy intensamente. Durante una década posó para docenas de artistas, entre ellos Picabia, Cocteau, Calder o Gargallo, aunque su imagen como *it girl* enigmática pasaría a la posteridad gracias a la relación sentimental que mantuvo con el fotógrafo Man Ray. Kiki fue la protagonista de una de sus obras más conocidas, *El violín de Ingres*, en la que aparecía desnuda, con un turbante y de espaldas, con dos oídos, las aberturas de la tapa del violín, dibujados sobre ella con tinta china. A través de esta imagen el artista intentó transmitir un mensaje muy sencillo: Kiki se parecía a un violín porque era igual de bella, y era como el de Ingres porque al pintor le gustaba tanto tocarlo como a Man Ray le gustaba tocar el cuerpo de Kiki. ¿Surrealismo erótico? Podría definirse así, no es extraño tratándose de una de las mujeres voluptuosas más fascinantes de la historia.

LA GRAN PRECOCIDAD DE KIKI

En 1927 Kiki llegó a inaugurar una exposición propia con obras de estilo expresionista que se vendieron al instante, y en 1929 se atrevió a publicar su autobiografía, ¡con tan solo veintiocho años! El libro incluía una introducción de Ernest Hemingway y en Estados Unidos fue prohibido durante décadas por su contenido explícitamente sexual. En la década de los treinta, Kiki regentó un club en Montparnasse que se llamó, cómo no, Chez Kiki; en él actuaba vestida con lencería fina y ligueros, y cantaba canciones populares en aquellos años subiditas de tono, pero en el fondo completamente inofensivas. Convertida en todo un símbolo del París más bohemio y vanguardista, Kiki fue poco a poco cayendo en las redes de la bebida y el consumo de opio, mientras su belleza se iba marchitando. En plena decadencia y sufriendo los vaivenes de la Segunda Guerra Mundial, siempre comentaba con los vecinos: “Todo lo que necesito para vivir es una cebolla, un poco de pan y una botella de vino tinto, y siempre voy a encontrar a alguien que me pueda ofrecer eso”. Kiki falleció de un colapso en la puerta de su casa en 1953 debido al abuso del alcohol y las drogas. A su entierro acudieron un gran número de artistas y de admiradores, y en su lápida todavía se puede leer “Kiki, reina de Montparnasse”, un apodo que ella misma se había puesto en sus años de esplendor. Kiki simbolizó la audacia, la sinceridad y la creatividad que marcaron los años de entreguerras y fue una de las primeras mujeres verdaderamente independientes del siglo XX... En las floristerías de París se vende en su honor una clase de lirios llamados Kiki de Montparnasse, un detalle que a la propia Kiki le habría encantado.

En el tiránico corazón del fotógrafo Man Ray hubo sitio para otra *it girl* que también dejó una importante huella en el mundo intelectual. **Lee Miller**, de origen norteamericano, trabajó de modelo en Nueva York a finales de los años veinte tras ser descubierta por la calle por el mismo fundador de la revista *Vogue*. Su carrera fue breve pero intensa y duró hasta que posó para un anuncio de compresas que fotografió Steichen y que produjo un enorme escándalo, tan enorme que acabó con la carrera de Miller en Estados Unidos. Visto lo visto, en 1929 decidió viajar a París para hacer realidad su sueño: convertirse en fotógrafa y en artista surrealista. A pesar de que Man Ray nunca aceptaba estudiantes en prácticas en su taller, con Miller hizo una excepción y muy pronto ella se convirtió en su aprendiz, musa y amante. Juntos crearon una serie de obras inolvidables que catapultaron la belleza intelectual de Miller hasta lo más alto.

DE "IT GIRL" PARISINA A FOTOPERIODISTA

Convertida en *it girl* de los ambientes artísticos más elitistas, aprovechó para aprender fotografía y comenzar a montarse su propio estudio. Mientras lo hacía, ayudó a Man Ray a reinventar la técnica de la solarización y abrió de este modo una nueva puerta estética al surrealismo. Venerada por otros artistas como Picasso o Cocteau, Miller supo controlar los excesos que se cometían a su alrededor y no cedió ante proposiciones indecentes que siempre tenían la absenta o el opio como verdaderas causas. En 1932, harta del complicado carácter de Man Ray, volvió a Nueva York y abrió su propio estudio, y muy pronto consiguió realizar su primera exposición como fotógrafa surrealista. Enamorada de un hombre egipcio, decidió casarse con él e irse a vivir a El Cairo, donde permaneció hasta 1937, una época que supondría una especie de interrupción en su magnífica obra. Tras este paréntesis, volvió a París y se casó con el pintor surrealista Roland Penrose. Junto a él vivió la llegada de la Segunda Guerra Mundial, un hecho que cambió su vida para siempre y que la convertiría en una valiente fotoperiodista para la revista

La bellísima Lee Miller disfrutó de una breve carrera como modelo para *Vogue* hasta que decidió trasladarse a París para sumergirse en las vanguardias y comenzar a experimentar con la fotografía gracias a Man Ray.

Life, en colaboración con David E. Scherman. Sus imágenes de la liberación de París, de la batalla por Alsacia, del horror de los campos de concentración nazis o del apartamento del propio Hitler tras su caída pasaron a la historia y mostraron la faceta más comprometida de una mujer que, obviamente, ya había dejado muy atrás su estatus de *it girl* para llegar a ser una de las fotógrafas más importantes del siglo. Aquejada de depresión y trastorno por estrés postraumático debido a la experiencia bélica, Miller se retiró con su marido a una granja inglesa que transformó en una especie de lugar de peregrinaje para muchos de los artistas que ella conoció en su juventud y que ahora ya se habían consagrado. Dedicada más a las labores culinarias que a las fotográficas, de vez en cuando realizó trabajos para *Vogue*, pero la depresión y, posteriormente, el cáncer fueron poco a poco acabando con una vida fascinante que dejó de latir en 1977.

La tercera *it girl* en discordia que estuvo ligada al fotógrafo Man Ray fue **Jacqueline Goddard**. Como musa de la bohemia parisiense de entreguerras no desempeñó un papel tan decisivo como Miller o Montparnasse, pero a su manera también aportó su granito de arena a un panorama que bullía. Nacida en el seno de una familia italiana muy relacionada con el arte (su padre era escultor e íntimo amigo del pintor Henri Rousseau), Goddard fue educada con unas libertades no muy habituales por aquella época. Su madre, francesa, le permitió relacionarse desde pequeña con un círculo de amigos entre los que la vanguardia fluía y las nuevas ideas se abrían paso fácilmente. Convertida en una precoz adolescente de diecisiete años, Goddard se trasladó a París y allí dio rienda suelta a su carácter sociable y a su espíritu independiente. La vida bohemia y nocturna, el baile, la moda, las motocicletas, el cine... todo esto y mucho más le interesaba a esta *it girl* de mirada indescifrable y rasgos físicos bastante masculinos.

Con su imponente melena avivó el deseo insaciable de Man Ray a pesar de que este había cumplido ya cincuenta años, y se convirtió en su modelo y en su amante casi al mismo tiempo. ¿La historia se volvía a repetir? Efectivamente. Pero Man Ray no fue el único que declaró su devoción por Goddard; Picasso, Matisse y Giacometti también cayeron en sus redes y le dedicaron obras que plasmaban el misterio que rodeaba a una chica destinada desde niña a ser musa absoluta de los artistas más geniales del siglo XX.

Frente a la cámara de Man Ray, Jacqueline Goddard se transformaba en una mujer presa de extraños sueños que le producían placer y sufrimiento por igual, algo que a ella le satisfacía enormemente.

Posó desnuda para algunas de las fotografías más populares de Man Ray y, tras el necesario devaneo entre ella y el artista, su relación se transformó en una profunda amistad que duró hasta que él falleció en 1976. Goddard se casó dos veces, tuvo dos hijos y vivió hasta los noventa y un años, siempre cerca del arte que la vio florecer como una *it girl* fascinante que vivió y disfrutó de su gran momento sin ningún tipo de contemplaciones.

Entre los propios artistas que protagonizaron las vanguardias también hubo *it girls* y, de todas ellas, la que más destacó por méritos propios fue **Tamara de Lempicka**. Nacida en Varsovia, vivió la mayor parte de su infancia en San Petersbugo y fue allí donde, con tan solo quince años, conoció en la ópera al que sería su marido, Tadeusz Lempicki, abogado de profesión y galán en sus horas libres. En 1917 se produjo la Revolución rusa y el matrimonio tuvo que huir para establecerse en París, a salvo de los bolcheviques. Lempicka utilizó durante esa época el dinero que le proporcionó la venta de las joyas de la familia para ir organizándose un pequeño pero precioso apartamento que su hermana decoró al estilo art déco. Muy pronto pudo sacar sus pinceles para ponerse a trabajar en un tipo de cuadros que estaban inspirados en el cubismo, pero interpretado de un modo etéreo, sensual, chic, que también era como su nombre artístico sonaba. Al contrario que muchos de sus coetáneos, Lempicka apostó por un tipo de cubismo limpio, preciso y elegante, alejado de los colores "sucios" de los impresionistas y de la tendencia hacia la destrucción formal de algunos artistas que, como ella, comenzaban a hacer mucho, ruido como Picasso.

EL FENÓMENO DE LA LEMPICKAMANÍA

Su primera exposición fue en Milán en 1925 y para ella pintó 28 nuevas obras en tan solo seis meses. Tras ella, se convirtió en la retratista más de moda de su generación entre la alta burguesía y la aristocracia. Usando su influyente red de amigos, Lempicka siempre conseguía mostrar sus obras en los salones más elitistas de le época, y en 1927 ya cobraba hasta 50.000 francos franceses por un retrato. Su famoso *Autorretrato,* en el que aparecía al volante de un Bugatti, fue el encargado de explicar a la sociedad de los años treinta cómo debía ser la imagen de una *it girl* independiente como ella, con un talento artístico fuera de toda duda y un estilo al vestir único. Adorada por Picasso o Cocteau, Lempicka también era muy famosa

La artista Tamara de Lempicka consiguió triunfar a ambos lados del Atlántico con sus obras art déco mientras lucía un look que estaba muy influenciado por Greta Garbo.

Desde que Gala Dalí hizo acto de presencia en la vida del pintor su influencia fue total. Su experiencia como *it girl* de los ambientes surrealistas de París le ayudó mucho a la hora de inspirar el genio del artista español.

por su apetito sexual y sus numerosos affaires con hombres y mujeres, los cuales la ayudaron a encontrar el correcto (y escandaloso) camino del deseo y la seducción que luego plasmó en sus obras más reconocidas. Durante los años veinte, Lempicka se relacionó mucho con los círculos artísticos de lesbianas abanderados por la escritora Colette, y su obsesión por la fama social la llevó a divorciarse de su marido en 1931 y a renunciar casi por completo a su hija, Kizette, a la que había pintado en numerosas obras. La década de los treinta, a pesar de la Gran Depresión, le deparó un continuo flujo de trabajo a ambos lados del Atlántico y la aupó a lo más alto de la pintura de estilo art déco.

En 1934, cansada de la loca vida bohemia, conoció a un barón suizo y se casó con él, asegurándose una posición en la aristocracia europea que, obviamente, repercutiría muy positivamente en su trabajo. Convertida en baronesa, antes de la Segunda Guerra Mundial Lempicka lucía una imagen muy al modo de Greta Garbo que le permitió conectar con la nueva clientela hollywoodense a la perfección. Transformada ya en una auténtica diva del art déco y sin parar de pintar y exponer, la artista se afincó en Nueva York, aunque visitaba Europa con frecuencia. Recuperada la relación con su hija, esta se encargó de gestionar todos sus asuntos hasta que falleció en 1980 con ochenta y un años, dejando tras de sí una obra que siempre ha fascinado poderosamente al público que ama el arte pop. No es extraño por tanto que la cantante Madonna sea una de las coleccionistas de obras de Lempicka más importantes del mundo y que le haya rendido tributo en algunos vídeos inolvidables como los de *Vogue* o *Express Yourself*.

LA MUSA ABSOLUTA DE DALÍ

Uno de los artistas más conocidos de las vanguardias fue, sin duda alguna, Salvador Dalí. Y junto a él, una mujer alcanzó el estatus de *it girl* intelectual. **Gala Dalí** nació en el seno de una familia rusa de eruditos. Desde muy joven trabajó de profesora en Moscú, pero el estallido de la Primera Guerra Mundial la animó a trasladarse a París para reunirse con Paul Éluard, un joven poeta que había conocido en Suiza mientras le trataban un principio de tuberculosis. En París, la pareja se casó y tuvo una hija, aunque Gala, que detestaba la maternidad, jamás se dedicó a cuidar de ella. Inmersos en ambientes donde el surrealismo comenzaba a triunfar, ambos se codeaban con pensadores como Louis Aragon, Max Ernst o André Breton. Este último comentó en una ocasión que Gala era una influencia destructiva para aquellos artistas que se convertían en sus amigos. Probablemente, Breton estaba celoso del *ménage à trois* que mantuvieron durante años Gala y Paul con Ernst. En 1929 la pareja visitó en España al emergente artista Salvador Dalí, y nació el affaire que rompió su matrimonio. A pesar de que Dalí era diez años más joven que Gala, ambos se juraron amor eterno y se casaron en 1937 para estar toda la vida juntos. Durante los años treinta Gala y Dalí se convirtieron en una pareja *it* que colaboraba estrechamente en todo lo relacionado con la obra artística del pintor. Ella se dedicaba a gestionarla como agente y él la veneraba como musa absoluta, hasta tal punto que llegó a firmar obras con sus dos nombres porque "era casi con su sangre con lo que las pintaba". Con Gala, Dalí venció su conocida fobia a los genitales femeninos; ella era una auténtica experta en materia sexual y ambos desarrollaron una relación abierta que permitía la entrada y salida de numerosos y jóvenes amantes. El misterio rodeaba a una mujer que parecía haber hechizado al artista para hacer con él lo que quisiera, una mujer que solía vestirse con las prendas de estilo surrealista que Elsa Schiaparelli creaba en París y que se peinaba siempre con un tupé ligeramente elevado, una mujer que se mantuvo en un inquietante segundo plano respecto a Dalí. Gala falleció a los ochenta y siete años en 1982, y fue enterrada en el castillo que el pintor poseía en Girona.

Como en el caso de Gala Dalí, a veces casarse con un prometedor hombre era el camino más rápido para convertirse en una popular *it girl*. Esto es exactamente lo que le ocurrió a **Zelda Sayre**. Casada con el escritor F. Scott Fitzgerald, autor de la novela *El gran Gatsby*, desde su adolescencia fue una presencia cautivadora en la sociedad sureña de Estados Unidos, donde participaba en festivales de ballet y en eventos organizados por *country clubs* para recaudar fondos. En uno de ellos conoció a Scott y, en un principio, quedó muy poco impresionada por él. El escritor estuvo tratando de conquistarla durante casi dos años y, finalmente, consiguió que aceptase su propuesta de matrimonio en 1920, cuando triunfó su primera novela, *A este lado del paraíso*, para la que usó ideas sacadas directamente del diario de Sayre. No sería la única vez que hiciese algo parecido. En la obra de Scott la presencia de la que fue considerada la primera *flapper girl* norteamericana es continua, en forma

La bella Zelda Sayre fue, en parte, responsable del gran éxito que obtuvo la novela *El gran Gatsby*, escrita por su marido, F. Scott Fitzgerald mientras veraneaban en la Riviera francesa y discutían sin parar.

de personajes femeninos, obviamente. Ya casada e instalada en Nueva York, la pareja se convirtió en una de las más populares debido a su salvaje estilo de vida, que implicaba, cómo no, la ingesta de litros y litros de alcohol por parte de ambos. Una noche Sayre acabó bañándose en la fuente de Union Square; a la mañana siguiente, junto a Scott, se dedicaba a conocer a la escritora Dorothy Parker sentada en el techo de un taxi. ¿Se trataba de una actitud un tanto perturbada? Al menos en un principio, no. Más bien era fruto de la juventud y de los locos años veinte. Convertidos en los *enfants terribles* de la era jazz neoyorquina, Scott y Sayre formaban una pareja que, a los ojos de la opinión pública, era perfecta, llena de energía y siempre dispuesta a pasarlo en grande. Sin embargo, en privado y debido al abuso del alcohol, las peleas entre ambos comenzaron a ser muy habituales.

PARTE IMPORTANTE DE "EL GRAN GATSBY"

En 1922 Scott publicó *Hermosos y malditos* y Sayre empezó a colaborar en algunas revistas y suplementos escribiendo con un personal sentido del humor. Sin embargo, en 1924 el ritmo de vida que llevaban empezó a pasarles factura económicamente hablando y, debido a ello, decidieron trasladarse a Francia. La pareja se instaló en la Riviera francesa para que Scott se sumergiera en la escritura de su gran obra, *El gran Gatsby* (título que eligió la propia Sayre). Aburrida a causa de la dedicación de su marido a su ardua tarea, la todavía atractiva *it girl* se dejó llevar por los placeres de los bailes en los casinos e incluso simuló un affaire con un joven piloto francés para poner celoso a Scott. ¡La necesidad de drama de esta pareja era ilimitada! Al terminar Scott la obra, ambos decidieron hacer un viaje por Italia que no solucionó el distanciamiento que había entre ambos. Además, debido a una reciente sobredosis de pastillas para dormir, el estado de salud de Sayre era bastante lamentable. Tras el periplo italiano, la pareja decidió cambiar la Riviera por París y poco después de llegar a la ciudad Scott conoció a Ernest Hemingway.

Ambos conectaron a la perfección desde el principio, algo que no sucedió entre Hemingway y Sayre. Ella consideraba la actitud de macho del escritor una simple postura, un mecanismo de defensa; él pensaba de ella que, sencillamente, estaba loca. En París la actitud de los Fitzgerald se hizo cada vez más errática y Sayre no hizo más que sentir una creciente frustración por el éxito de su marido, aunque este ya fuera un alcohólico empedernido. Por este motivo, la *it girl* se empezó a obsesionar con practicar ballet casi ocho horas al día, como hacía cuando era una adolescente. Lógicamente, está obsesión solo consiguió dejarla extenuada física y mentalmente. El círculo de amigos que los rodeaba empezó entonces a darse cuenta de que los Fitzgerald comenzaban a ser poco elegantes y bastante autodestructivos. En 1930 Sayre fue ingresada en un sanatorio psiquiátrico y le diagnosticaron una esquizofrenia. Al año siguiente los Fitzgerald decidieron volver a Estados Unidos, y fue entonces cuando los caminos de la atormentada pareja se separaron por fin. Scott acudió raudo y veloz a la llamada de Hollywood, y Sayre volvió a ser ingresada en un hospital, donde aprovechó para escribir su autobiografía. En ella reveló pasajes muy turbios de su relación con Scott y, debido a ello, la ira de este fue descomunal. Convertida en una sombra de la *it girl* que durante los años veinte había brillado con luz propia en Nueva York, Zelda Sayre vagó de psiquiátrico en psiquiátrico mientras su marido triunfaba en la meca del cine. En 1948, mientras esperaba encerrada en una habitación su sesión de electrochoque, se declaró un incendio en las cocinas del centro mental y no pudo escapar del fuego. Así se fue una mujer que hizo gala de su divina locura como ninguna, mientras derrochó estilo propio en todas las fiestas a las que acudió, que no fueron pocas.

DE LOS FITZGERALD A LOS DELAUNAY

Otro caso de matrimonio bien avenido que ayudó a que una *it girl* se transformara en una gran artista fue el de los Delaunay. **Sonia Delaunay** se crió en San Petersburgo, se trasladó a Alemania cuando era una adolescente para estudiar en una escuela de arte y, finalmente, se instaló en París para desarrollar una de las carreras más valoradas del arte moderno. Como estudiante de una escuela en Montparnasse, Delaunay frecuentó poco las aulas y prefirió empaparse de lo que las galerías parisinas mostraban a principios de siglo. En aquellos años decidió casarse con un galerista homosexual para evitar que su familia la hiciese volver a su Rusia natal. En 1909 la condesa de Rose, madre del joven pintor Robert Delaunay, visitaba muy a menudo la galería donde ella empezó a exponer sus primeras obras, y así fue como Sonia conoció al pintor y surgió el amor. El matrimonio Delaunay comenzó a ser realmente popular en los círculos artísticos de la capital del Sena trabajando en común

La pintora Sonia Delaunay lucía siempre prendas confeccionadas con los tejidos que ella misma creaba, con motivos geométricos que, más tarde, formaron parte de algunas de sus obras abstractas más conocidas.

para hacer realidad un estilo, el orfismo, que fue más allá del cubismo, centrándose en las formas circulares y en los colores brillantes. Llegada la Primera Guerra Mundial, la pareja decidió trasladarse a Madrid y, comenzada la Revolución rusa, Sonia dejó de recibir apoyo económico de su familia; fue entonces cuando encontró una salida en la moda gracias a su amistad con Sergei Diaghilev, el responsable de los famosísimos Ballets Rusos. Para él, Sonia diseñó vestuarios maravillosos que se vieron en algunas óperas escenificadas en el Liceo de Barcelona. Mientras, aprovechó su condición de *it girl* culta y algo misteriosa para abrir en Madrid su propio café-bar, llamado Casa Sonia.

En 1920 volvió de visita a París y contactó con el diseñador que más despuntaba en ese momento, Paul Poiret, para que la ayudase a promocionar los objetos y cuadros que había creado hasta el momento. Poiret declinó su petición, acusándola de estar casada con un desertor francés de la Gran Guerra. Sin embargo, es curioso que finalmente fuera otro estupendo diseñador, Jacques Doucet, el que ayudó a los Delaunay a volver a París con su pequeño hijo y animó a Sonia a dedicarse por entero a la moda, al menos por un tiempo. Ella le hizo caso y muy pronto atrajo a una clientela que sabía valorar los originales estampados geométricos que creaba para sus tejidos, que se fabricaban en Lyon. En 1924, poco antes de despegar como gran pintora abstracta, Sonia abrió un estudio junto con el diseñador Jacques Heim y muy pronto tuvo clientas con nombres tan importantes como el de la actriz Gloria Swanson o la siguiente *it girl*, que cierra le etapa intelectual de la primera mitad de siglo XX, la modelo **Nancy Cunard**.

La londinense Cunard es el mejor ejemplo de *it girl* que se movió entre las vanguardias modernistas, surrealistas y dadaístas con una soltura e independencia muy loables. Su trabajo como modelo frente a la cámara de un primerizo Cecil Beaton catapultó a la fama su imagen de mujer andrógina de hipnótica belleza. Convertida en musa y amante de grandes escritores y artistas como Tristan Tzara, Louis Aragon, Ernest Hemingway, James Joyce o Man Ray, Cunard, por su parte, desarrolló una destacada trayectoria como escritora y como activa militante en contra del fascismo y del racismo tanto en Europa como en Estados Unidos. Como mujer, Cunard fue una gran adelantada por su manera de pensar respecto a las minorías sociales más oprimidas y por su manera de vestir.

La andrógina Nancy Cunard trabajó de modelo ante las cámaras de Cecil Beaton o Man Ray y, al mismo tiempo, desarrolló una intensa militancia en favor de los más desfavorecidos y en contra del incipiente fascismo.

Yoko Ono conoció a John Lennon en una galería de arte londinense y, poco después, se convirtieron en una de las parejas más influyentes, militantes y populares del mundo de finales de los años sesenta a nivel mundial.

Su estilo personal se basó a menudo en el uso de grandes pulseras de madera de origen africano que conectaron al instante con el espíritu art déco que triunfó en los años veinte y treinta. En muchas ocasiones, Cunard obligaba a los estilistas a aceptar estas pulseras como parte del look que querían que luciera en la fotografía de turno; esto a Beaton le hacía mucha gracia, porque consideraba que formaba parte del temperamento de una mujer a la que no se le podía llevar nunca la contraria. Tras la Segunda Guerra Mundial, Cunard comenzó a beber en exceso y a consumir otro tipo de sustancias que fueron minando su ya de por sí delicada salud. Tras un altercado con la policía inglesa, fue ingresada en un hospital psiquiátrico debido a su alcoholismo, su situación de pobreza y su comportamiento autodestructivo. De vuelta en París y totalmente en los huesos, fue encontrada en la calle y trasladada a un hospital, donde falleció. Así despareció una *it girl* que vivió su vida como quiso y con quien quiso, una *it girl* que perteneció al ambiente *upper class*, que se solidarizó con los menos afortunados y que al final acabó sus días como una de ellos.

"IT GIRLS" Y MILITANTES A LA VEZ

La segunda mitad del siglo XX nos brinda una serie de *it girls* cultas y misteriosas que, además, siguieron el ejemplo de Cunard y encontraron en la militancia un motivo para conseguir pasar a la historia. La primera de ellas pasó a la historia también, una vez más, por convertirse en la pareja de uno de los hombres más famosos de la cultura moderna, John Lennon. Lógicamente, ella fue **Yoko Ono**. Nacida en Tokyo, en su infancia sufrió la barbarie de la Segunda Guerra Mundial junto a su familia, y cuando todavía era una niña desarrolló una personalidad un tanto agresiva y *outsider*. Tras el conflicto bélico, todos se trasladaron a Nueva York, donde Ono retomó sus estudios y comenzó a relacionarse con artistas, poetas y demás integrantes de una emergente bohemia *downtown*. Visitando galerías y asistiendo a *happenings*, Ono empezó a tener claro que debía profundizar en su propia visión artística y se estrenó con una performance en un loft de Tribeca en la que prendió fuego a un cuadro, y un poco más y arde todo el edificio. A principios de los años sesenta Ono se casó con un compositor, se divorció, sufrió una depresión, ingresó en un centro mental, conoció a un músico de jazz, se casó con él, tuvieron una hija y se volvió a divorciar.

Obviamente, no fue una de sus épocas más centradas. Invitada por una asociación de artistas de estilo dadaísta a Londres, Ono se encontraba en la Indica Gallery en 1966 cuando apareció John Lennon y se interesó por sus extrañas obras. Entre ambos la química funcionó desde el primer momento, pero Lennon estaba casado y no era conveniente que pasara nada. Fue en 1968, mientras su esposa Cynthia se encontraba de vacaciones en Grecia, cuando el músico invitó a Ono a ayudarle con la grabación del álbum *Two Virgins*. El romance comenzó, Lennon se divorció y ambos formaron una pareja inseparable durante los últimos dos años de existencia de los Beatles. Mientras esto ocurría, también iniciaron su particular protesta en contra de la guerra de Vietnam, se casaron en 1969 y pasaron su luna de miel "encamados" en un hotel de Amsterdam frente a los medios de comunicación luchando a favor de la paz. Junto a Lennon, Ono se convirtió en una *it girl* extraña y enigmática, casi siempre vestida de negro o de blanco, provocando opiniones muy enfrentadas respecto a su persona y al papel que desempeñó en la disolución del grupo de rock más famoso e influyente de la historia.

Ono desarrolló su propia faceta musical, en pareja o sin ella, a través de la Plastic Ono Band, una propuesta musical de raíces experimentales que la situó a la cabeza de la vanguardia sonora de principios de los años setenta. Transformada en artista minoritaria, siempre a la sombra del gigante Lennon hasta su trágica muerte en 1980 junto al edificio Dakota, Yoko Ono dio a conocer con su estilo *avant-garde* una visión conceptual del arte que perdura hasta hoy gracias a su intenso e incansable activismo creativo desde la Gran Manzana, el lugar que la vio florecer como *it girl* junto al eterno amor de su vida.

Los años setenta neoyorquinos, llenos de militancia y hedonismo a partes iguales y en mil y un sentidos, nos regalaron dos *it girls* que son antagónicas. Por una parte, en 1967 aterrizó en Nueva York una joven **Patti Smith** que encontró en Robert Mappelthorpe al perfecto compañero de piso en el ambiente underground de la Gran Manzana. En unas condiciones un tanto adversas, ambos se instalaron en el hotel Chelsea y empezaron a dejarse ver por los locales de moda Max's Kansas City y CBGB. Smith comenzó a actuar con su grupo en ambos lugares, mostrando sobre el escenario un look extremadamente andrógino para la época que, al instante, llamó la atención de la prensa musical. Actuaba, escribía, pintaba,

La estética austera y combativa de Patti Smith llegó en los años setenta para llenar un hueco en el panorama musical. Con ella el punk mostró su cara menos disfrazada envuelta por una poética fascinante.

participaba en obras de teatro con colectivos experimentales..., a principios de la década de los setenta Smith compaginaba todo esto con la relación sentimental que mantuvo con el joven actor Sam Shepard. En 1974 nació el Patti Smith Group, y su propuesta poético-rockera encontró un hueco en la discográfica Arista para poder publicar su primer álbum, *Horses*. En la portada, Smith aparecía austeramente fotografiada por Mapplethorpe en blanco y negro, con una camisa blanca, una estrecha corbata desanudada y unos jeans negros ceñidos y de este modo se dio a conocer una de las imágenes más icónicas del rock, ambigua y poderosa, directa y fascinante. Con el punk rock cotizando al alza, Smith se convirtió en una de sus abanderadas, realizando conciertos llenos de mensajes provocadores envueltos por una poética inusual.

Dos álbumes más antes del final de la década, *Easter* y *Wave*, la confirmaron como la cantante de rock más *outsider* del mercado discográfico y como una *it girl* de estilo punk sobrio, nada decorado con tachuelas, cuero negro o crestas en el pelo; el look de Smith resumía una filosofía punk que no necesitaba de disfraces llamativos para resultar rompedora, su austeridad a la hora de presentarse en el escenario era la mejor imagen que podía pedir un tipo de música que había nacido para romper todos los esquemas del rock anteriores. Si a esto le añadimos una gran sensibilidad artística, el resultado es extraordinario. Patti Smith continuó tras sus comienzos en los setenta ejerciendo de gran dama del rock con un repertorio que jamás ha perdido un ápice de su espíritu combativo y, a la vez, poético. Su estilo personal al vestir sigue siendo una referencia inevitable para todos aquellos diseñadores que se sienten atraídos por la estética rockera femenina con un fuerte componente masculino, una mezcla explosiva que ha situado a Smith en el olimpo de los artistas que más influencia han ejercido en la moda.

LA LLEGADA DEL POP CONCEPTUAL

Frente a Patti Smith, es curioso como otra *it girl,* llamada **Grace Jones** también consiguió salir vencedora jugando unas cartas muy diferentes sobre el mismo tablero. Nacida en Jamaica, Jones se mudó de adolescente con sus padres a Nueva York y allí comenzó a trabajar de modelo para la agencia Wilhelmina. Sin embargo, fue en París donde, aparte de compartir piso con Jerry Hall y Jessica Lange, a partir de 1970 empezó a despuntar desfilando para Yves Saint

Vestida muy a menudo por Azzedine Alaïa, la cantante Grace Jones representó en los años ochenta el perfecto equilibrio entre lo masculino y lo femenino, con una imponente presencia física como tarjeta de presentación.

Laurent, Claude Montana, Azzedine Alaïa o Kenzo; las sesiones con Helmut Newton y Guy Bourdin llegaron después, y las portadas de *Vogue* y *Elle* también. Junto a Hall, Jones disfrutó a tope de la noche parisina de mediados de los años setenta, acudiendo muy a menudo al Club Sept, uno de los locales gays más populares del momento, en el que hizo muy buena amistad con otros diseñadores como Karl Lagerfeld o Giorgio Armani. El caso es que pasaron algunos años hasta que afloró la verdadera vocación de Jones, la música.

Fue en 1977 cuando se publicó su primer álbum, *Portfolio*, y en él se encontraba la sensual versión de siete minutos de "La vie en rose" que la llevaría a lo más alto de las listas en todo el mundo. Con el fenómeno disco triunfando, su presencia andrógina, que no dejaba claro si se trataba de un hombre o de una mujer, causó sensación y la convirtió en la *it girl* con el físico más poderoso de la década. *Fame* y *Muse* completaron su trilogía de álbumes disco (con maravillosas portadas de Richard Bernstein, colaborador de la revista *Interview*) y la discoteca Studio 54 la aupó al podio de las nuevas divas, rompiendo con el estilo que imperaba, ese que Donna Summer o Gloria Gaynor habían instaurado. Jones llevaba la cabeza rapada, se vestía con provocadores minivestidos de malla metálica y se maquillaba en exceso para ensalzar el contraste entre su físico masculino y su naturaleza femenina.

En 1980 todo lo disco empezó a decaer y un nuevo estilo llamó a la puerta del éxito: *la new wave*. Jones, que siempre ha tenido un don especial para captar con antelación aquellas tendencias que van a triunfar, cambió de registro y se propuso editar una nueva trilogía que seguiría el gusto de los ochenta por las producciones musicales muy elaboradas. Para ello se buscó los productores adecuados (los Compass Point All Stars). ¿El objetivo? Crear un sonido *dub* que resultaba más electrónico y cercano al R&B ochentero, algo menos funky, de sonido más orgánico, perfecto para la década *plastic fantastic*. *Warm Leatherette*, *Nightclubbing* y *Living My Life* fueron los álbumes que confirmaron a Grace Jones como una de las artistas más interesantes e innovadoras del panorama musical. Tras ello, solo le restaba grabar un gran álbum controlado por uno de los productores clave de la década, Trevor Horn. Se tituló *Slave to the Rhythm* y supuso su éxito más multitudinario. Complementado por la ilustración que realizó su pareja y estrecho colaborador, Jean-Paul Goude, el disco y sus innovadores videoclips marcaron un antes y un después en la carrera de Jones. Gracias al éxito de su carrera musical y a su increíble imagen de mujer entregada al *bodybuilding*, una de las tendencias más fuertes en los ochenta, la cantante recibió la oferta de convertirse en villana en el film *Panorama para matar* de James Bond, un papel corto pero perfecto para su personalidad agresiva y provocadora. En ese preciso momento Jones dejó de ser una *it girl* con interesantísimos discos y pasó a convertirse en un gran icono de la década, solicitado para todo tipo de imágenes publicitarias vanguardistas. Ennoviada con su guardaespaldas, el musculado Dolph Lundgren, formó con él una pareja mediática que levantaba pasiones allí donde iba y, de este modo, consiguió disfrutar de los ochenta con el desenfreno propio de la época, un desenfreno que, obviamente, incluía el abuso de drogas como la cocaína. Tras el auge llegó el declive de los años noventa, y más tarde su reaparición por la puerta grande, en 2008. Mientras tanto ella se había dedicado a luchar contra sus adicciones, actuar en fiestas privadas, por lo que le pagaban grandes sumas, cuidar de su hijo Paulo y ejercer una gran influencia en artistas posteriores tan dispares como Massive Attack, Rihanna, LCD Soundsystem, Róisín Murphy, Lady Gaga o Gorillaz. A los sesenta y seis años, Grace Jones no ha perdido su capacidad de sorprender al público y su imponente presencia sigue siendo siempre magnética, siempre moderna.

DEL PUNK PROVOCADOR AL GÓTICO HIPNÓTICO

Dentro del mundo de la música Jones no fue la única artista culta y misteriosa que los años ochenta nos legó. Desde Inglaterra nos llegó una joven que en la anterior década formaba parte del grupo de groupies punk que revoloteaban alrededor de la diseñadora Vivienne Westwood. ¿Su nombre? **Siouxsie Sioux**. Esta londinense desarrolló un precoz e irrespetuoso sentimiento hacia los adultos debido a la agresión sexual que sufrió con tan solo nueve años y que fue ignorada por su propia familia. No es extraño que Sioux decidiera forjarse una imagen fuerte y radical que funcionara de maravilla en un mundo creado a su medida. Y el motivo perfecto para conseguir llevar a cabo esto fueron los Sex Pistols. Los vio actuar por primera vez en 1976 y se convirtió ipso facto en una acérrima seguidora dentro de un grupo de excéntricos adolescentes en el que había también otras *it girls* del punk como Chrissie Hynde (posterior líder de Pretenders), Soo Catwoman y Jordan. Muy pronto Sioux se

Siouxsie Sioux

Tras una primera etapa como groupie punk del grupo Sex Pistols, Siouxsie emergió como estrella gótica del rock luciendo un look muy característico que la convirtió en icono del pop de los ochenta al instante.

convirtió en un personaje muy popular en los clubes de Londres gracias a su impactante imagen glam, *bondage* y *fetish*, un estilo que más tarde formaría parte de la estética punk. Cierto es que su particular look a veces le conllevó más de un problema, como aquella ocasión en la que siguió a los Sex Pistols hasta Francia y no se le ocurrió mejor idea que lucir una esvástica nazi que, en realidad, iba en contra de la burguesía y no tenía connotaciones políticas. Debido a ello recibió una buena paliza. El siguiente episodio polémico protagonizado por Sioux fue en el programa de televisión británico presentado por Bill Grundy; Sioux acompañaba a los Sex Pistols y cuando el presentador, que iba bebido, le preguntó cómo estaba, ella respondió irónicamente que siempre había tenido ganas de conocerle, entonces Grundy le dejó caer que podían quedar después para tomar algo. Ante tal tonteo los Sex Pistols se enfadaron y el lío que se montó fue tan grande que, al día siguiente, todos los periódicos mostraban el rostro de Sioux y le dedicaban titulares como "Siouxsie is a punk shocker".

Semejante publicidad no hizo más que animar a Sioux a montar su propia banda, que debutaría en 1977 con el nombre de Siouxsie and the Banshees. Su primer single, "Hong Kong Garden", se convirtió en un hit al instante y tras este éxito llegaron muchos más en varios álbumes que situaron a la banda en las listas y radios comerciales; durante esta etapa, Sioux aprovechó para darle una vuelta de tuerca a su look punk y transformarlo en algo mucho más siniestro y gótico, con su característica melena negra cardada, sus labios rojos y su intensa mirada maquillada al estilo *cat-eye*. Atrás quedó la pequeña pero matona *it girl* que se pasaba horas y horas en Sex, la tienda que Vivienne Westwood tenía en King's Road, sirviendo de inspiración para la máquina de hacer dinero punk que Malcolm McLaren había creado. En los años ochenta nació una artista musical que fascinó al gran público con una personalidad arrebatadora y un look único que en los años siguientes ejerció una gran influencia en la moda.

ROMPIENDO ESQUEMAS CON ELEGANCIA

Frente a la actitud desafiante de mujeres como Smith, Jones o Sioux, en la década de los ochenta también surgieron *it girls* del ámbito de la moda que rompieron esquemas a su manera, de un modo más delicado. **Paloma Picasso**, por ejemplo, lo tenía todo a su favor para convertirse en una chica clave del París de los ochenta.

Hija del famoso genio de la pintura, Paloma Picasso comenzó a labrarse en los años setenta una carrera como diseñadora de joyas que despuntó en la década posterior y la convirtió en un icono de la modernidad de la época.

La italiana Elsa Peretti trabajó de modelo en los años setenta para diseñadores como Halston o Giorgio di Sant'Angelo, antes de transformarse en una de las diseñadoras de joyas modernas más prestigiosas.

Su estirpe le ayudó a darse a conocer públicamente, pero hay que reconocer que para mantenerse y hacerse respetar tuvo que crearse una sugerente imagen y demostrar su gran talento como diseñadora de joyas para la firma Tiffany & Co. Paloma es la hija más joven de Pablo Picasso y Françoise Gilot (que en su momento también fue una bella *it girl* conectada con entornos intelectuales y artísticos). A finales de los años sesenta comenzó su carrera como diseñadora de joyas, cuando creó una serie de collares con piedras semipreciosas para uno de sus desfiles de moda. Las piezas llamaron poderosamente la atención de la prensa y, ante ello, Paloma decidió ponerse a estudiar gemología y diseño de joyas.

En 1971, una vez concluidos sus estudios, el gran maestro de la moda Yves Saint Laurent la llamó y le ofreció un puesto en su equipo de diseñadores de accesorios. Obviamente, Paloma aceptó y, de este modo, comenzó a aprender sobre el terreno todo lo necesario acerca de esos complementos que hacen de la moda algo mucho más atractivo. Así se pasó toda la década de los setenta, hasta que en 1978 se casó con el director teatral Rafael López-Cambil, con el que formó una pareja *it* y gracias al cual transformó su cándida imagen en algo mucho más fuerte. Su corte de pelo geométrico, sus labios siempre rojos y su ropa firmada por los mejores diseñadores parisinos le dieron la condición de *it girl*, lista para despuntar como una de las mujeres con mayor personalidad en la moda de los años ochenta. Fue en 1981 cuando la prestigiosa firma de joyería norteamericana Tiffany & Co. no dudó en proponerle un contrato de colaboración que se ha prorrogado hasta el día de hoy.

Debido al gran éxito de las piezas que Paloma diseñaba y a la fascinante atracción que provocaba su imagen, empresas como L'Oréal le ofrecieron la posibilidad de comenzar a crear su propia gama de perfumes. El éxito le sonrió de nuevo, y un año después se puso a la venta una línea de cosmética completa para conseguir el poderoso look de Paloma. Convertida en una reputada diseñadora y solicitada en las mejores fiestas celebradas en las capitales de la moda, Paloma, junto a su exótica pareja, se dejó querer por un público fascinado por su imagen rabiosamente moderna y vanguardista. Con una belleza que siempre ha recordado el estilo cubista de su padre y el color rojo como fetiche, que además le da la posibilidad de no ser reconocida (cuando no se pinta los labios siempre lo consigue, según sus propias palabras), Paloma Picasso continúa siendo una mujer que ejerce una notable influencia en la moda, impregnándola de una intelectualidad parisina única.

Como en el caso anterior, la firma Tiffany & Co. nos ha permitido conocer otra *it girl* que comenzó como modelo y, tras ello, se convirtió en gran diseñadora de joyas. **Elsa Peretti** nació en Florencia en el seno de una familia aristocrática y fue a la escuela en Roma, donde después estudió diseño de interiores. En 1968 Peretti decidió trasladarse a Nueva York y empezar una carrera de modelo. A pesar de ser una de las chicas más solicitadas por las revistas de la época, sus inquietudes creativas no le dejaron regodearse con su magnífica belleza y la animaron a convertirse en una exitosa diseñadora de joyas.

A lo largo de los años setenta colaboró y fue musa de diseñadores tan influyentes en la historia de la moda como Halston (para quien diseñó también sus fragancias y su línea de cosmética) y Giorgio di Sant'Angelo. Para ambos, Peretti era el modelo perfecto de belleza femenina en una década marcada a partes iguales por la feminidad y la masculinidad. Ella lo era todo, podía ser muy mujer o muy hombre, dependiendo del contexto y de su propio estado de ánimo. Y sus joyas fueron y siguen siendo un reflejo de todo esto. A finales de los setenta, la firma Tiffany & Co. le proporcionó la gran oportunidad de realizar unos diseños muy personales que, automáticamente, se convirtieron en uno de los más vendidos. Sus famosos colgantes en forma de lágrima o de ánfora fueron el perfecto ejemplo de cómo veía el diseño Peretti, de un modo sencillo y tierno, de un modo que ha perdurado hasta el día de hoy. En la actualidad Peretti sigue diseñando joyas únicas que conservan el mismo estilo personal que la convirtió en *it girl* cuando era joven.

UN ÚLTIMO CASO DE ESTILO GRUNGE

El recorrido por el mundo de las *it girls* intelectuales se acaba, pero antes de concluir y como buen ejemplo de lo que ocurría en el ámbito cultural de los años noventa, hay que destacar una figura más que sigue en activo y se ha convertido en una de las mujeres demócratas más influyentes de Estados Unidos. A principios de los ochenta, una joven **Kim Gordon** que acababa de terminar sus estudios de arte decidió trasladarse a Nueva York. Allí muy pronto descubrió las bandas de *no wave*, un fenómeno underground e independiente que huía de toda música creada y manejada por las

Tras el abrumador éxito del grupo Sonic Youth en los años noventa gracias al fenómeno grunge, Kim Gordon comenzó a sentirse asfixiada por una fama que no congeniaba con su verdadera personalidad.

poderosas discográficas de esa época y mostrada por la omnipresente MTV, gestado por artistas expresionistas y nihilistas que con sus guitarras eléctricas pretendían destruir el rock comercial y defender un modo más libre de hacer música. En ese preciso momento Gordon conoció al que sería su pareja hasta 2011, Thurston Moore, con el que formaría en 1981 el grupo Sonic Youth.

Durante los años ochenta consiguieron publicar varios álbumes, que se quedaron en la escena punk más alternativa, pero en 1990, con su álbum *Goo*, les llegó por sorpresa un éxito arrollador. Fue entonces cuando el estilo personal con que se vestía Gordon llamó la atención de las revistas más prestigiosas de moda y música, lo cual le hizo convertirse en una *it girl* (un poco mayorcita, la verdad) del incipiente fenómeno grunge. Metidos por arte de magia mediática en el mismo saco en que se metía a grupos menos veteranos como Nirvana, Dinosaur Jr., Mudhoney, Hole o Babes in Toyland, los Sonic Youth disfrutaron de una fama mundial que no terminaba de encajar con los planteamientos iniciales de la banda y de Gordon. En aquella época, la música reconoció que se sentía identificada con... ¡Karen Carpenter! Porque, como ella, poco a poco fue perdiendo el control sobre su verdadera persona y convirtiéndose en algo que no quería, haciéndose más y más pequeña ante un mundo que la asfixiaba. La fama es la cara oscura de la música para Gordon y, aunque intentó por todos los medios huir de ella, no lo consiguió y se transformó en uno de los rostros femeninos más populares del rock de los años noventa.

Quizá por su carácter *anticelebrity*, Gordon buscó en otras disciplinas artísticas una vía de escape que le ayudara a sobrellevar el estatus de figura de culto que siempre ha tenido en el mundo de la música. Desde que comenzó con Sonic Youth, la artista desarrolló una carrera paralela colaborando con la revista *Artforum* y con galerías de arte del Soho neoyorquino. Después se dedicó a comisariar muchas exposiciones hasta que, finalmente, en la pasada década y tras la disolución del grupo, se sumergió en el arte creando su propia obra. La experiencia en este sentido continúa de un modo, al parecer, lo bastante satisfactorio para que Gordon declarase que ya no está en absoluto interesada en formar parte de un grupo de rock, en el que estás obligada a compartirlo todo. Ahora Kim Gordon vuela en solitario y se dedica a lo que estudió; se dedica al arte con total libertad y con un excelente criterio que muchos querrían para sí.

epílogo

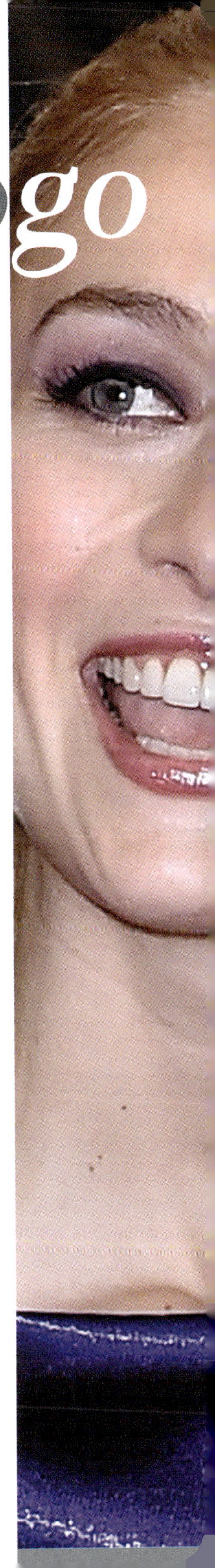

Tras una introducción y cinco capítulos a través de los cuales he intentado demostrar que el fenómeno de las *it girls* no es, ni por asomo, nada nuevo y no pertenece solo al tiempo presente, ha llegado el momento de analizar cómo funciona en la actualidad y quiénes son sus verdaderas protagonistas.

Hoy en día aspirantes a *it girl* hay muchas, pero pocas consiguen llegar a serlo. Convertirse en una *it girl* de la actual sociedad global sigue dependiendo de que "eso" especial que tiene cada chica conecte con un determinado público que la eleve a ese estatus y la transforme en un personaje popular o celebrity. Sin embargo, tener "eso" que diferencia a una mujer de las demás ya no basta y existen estrategias de marketing que se encargan de hacer el resto. Teniendo en cuenta esto, ¿son las *it girls* 2.0 un producto prefabricado o deben valorarse en su justa medida teniendo en cuenta su influencia en la moda actual? En mi opinión, no es oro todo lo que reluce y hay que saber seleccionar bien quién tiene madera de *it girl* y quién no por los motivos que sean. Lo que es incuestionable es su enorme influjo en el negocio de la moda actual y la enorme popularidad que han alcanzado debido, en gran parte, a las redes sociales. Mientras antaño las *it girls* solo eran veneradas por un público minoritario que seguía la moda temporada tras temporada, ahora las nuevas chicas *it* son seguidas por un ejército de *fashion lovers* que las imitan y las defienden con uñas y dientes. En este sentido, su poder ha aumentado hasta casi igualar al que tienen los deportistas y su presencia en determinados eventos desata la histeria colectiva. ¿Cómo es posible que unas jovencitas organicen semejante alboroto? ¿Cómo han llegado a convertirse en celebridades que mueven masas y, por tanto, generan altísimos beneficios? Insisto, la generalización de las nuevas tecnologías ha supuesto un antes y un después en lo que a *it girls* se refiere y, por lo visto, ya no hay vuelta atrás.

UNA ACTITUD MUY "*CARPE DIEM*"

Seguir las tendencias y reinterpretarlas a su manera para mantenerse en el epicentro de la moda, este sería el principal requisito que una *it girl* de fama mundial debe cumplir en la actualidad. Ir de fiesta en fiesta y de evento en evento también es otra condición indispensable, que exige un ritmo de vida acelerado, muy similar al que llevan las modelos más solicitadas. Tener una o varias parejas sentimentales conocidas también ayuda a incrementar el interés por ellas. Y llevar detrás una corte de imitadoras destaca todavía más su hipnótica presencia. Si a todo esto le añadimos una página web o un blog de su propiedad que refleje sus gustos en cuanto a la moda, la música, el cine, los viajes o las ciudades, y que se actualice diariamente con sus apariciones, pues ya tenemos una auténtica máquina de hacer dinero gracias al interés que genera en multitud de firmas de moda o de belleza, obsesionadas por contar con ellas aquí o allá frente a los flashes y sobre la alfombra roja o por contratarlas para ser "imagen de". De este modo han conseguido estar por todas partes. ¡Son ubicuas! En el pasado las *it girls* solo salían en determinadas publicaciones o páginas de sociedad que hablaban de ellas con fascinación, ahora son omnipresentes. Su imagen es tan constante que es posible que hasta se estén perjudicando a sí mismas por tanta sobreexposición. Pero ¿qué más da cuando tienes veintitantos años y sabes que perteneces a una sociedad de consumo en la que todo va a una velocidad vertiginosa? ¿Por qué no aprovechar al máximo la oportunidad y exprimirla hasta el límite? Desde este punto de vista, razón no les falta para aprovechar todas y cada una de las propuestas bien remuneradas que les hacen desde todos los puntos de planeta.

Los orígenes de las nuevas *it girls*, en cambio, no han variado mucho respecto a lo que sucedía en décadas anteriores. Las agencias de modelos, el cine, la televisión y la aristocracia son algunos de los ámbitos de donde han surgido aquellas chicas populares que convierten en oro todo lo que tocan. Hacer una selección no me ha resultado fácil, pero tampoco demasiado complicado. Creo que existe un abismo entre las *it girls* que forman la élite y el resto de las aspirantes que luchan por entrar en ella mientras observan como, cruelmente, se les va escapando su momento de gloria. Una vez más, es imposible no recordar aquello que dijo Warhol sobre los quince minutos de fama que todos deberíamos disfrutar al menos una vez en la vida. Las *it girls* de hoy ya llevan más de hora y media en el candelero y lo que les queda; tan solo un aburrido matrimonio y sus consecuentes embarazos o una escandalosa caída en desgracia social por abusar de sustancias prohibidas podrían torcer sus carreras y arrebatarles "eso" que las hace tan fascinantes. Tiempo al tiempo. Por el momento, ellas son el reflejo de una época veloz, que se retransmite en directo, se consume rápido, se exhibe sin vergüenza alguna y busca el éxito social como derecho inalienable. Como prescriptoras de todo aquello que es *cool*, chic, total, *in*, lo más, etc., funcionan a las mil maravillas. Su presencia en los medios promocionando directa o indirectamente productos es impecable y consigue al instante unos resultados en las ventas espectaculares.

OLIVIA "NUMBER ONE" PALERMO

Como ya he comentado, las redes sociales están ahí para demostrarlo y para que veamos en directo cómo la identificación con estas chicas elegidas se produce al cien por cien. Funcionan como referentes de estilo, se muestran cercanas, simpáticas y divertidas, animan a que se las imite practicando el *shopping* por cuatro duros. ¿Cómo? Gracias a la democratización de la moda, gracias al fenómeno *low cost*. Si ellas llevan una prenda de una marca de lujo y sus seguidoras no se la pueden permitir, ¡no hay problema! Siempre habrá una versión barata de la prenda que sirva para satisfacer el deseo de imitación. El dinero, en la moda, ya no es un obstáculo para hacer realidad los sueños de ser una persona *fashion* como esa *it girl* que tanto gusta.

Así pues, es más que obvio que las circunstancias comerciales de la moda actual han ayudado, y mucho, a que la influencia de las *it girls* se multiplique por cien, más bien por mil. ¡El viento sopla a su favor! Y mientras así sea y no se avecine tormenta, deben aprovecharlo. A continuación, voy a destacar algunas de las *it girls* que considero más influyentes en la actualidad por diferentes razones. ¿Son herederas directas de todas las que he repasado anteriormente en este libro? En absoluto. La principal razón es que les falta cierta autenticidad, cierta actitud ante la vida que chicas como Bianca Jagger o Debbie sí Harry tuvieron. Son demasiado "correctas", aunque alguna se empeñe en no serlo. Al final, tienen que pasar por el aro del marketing que todo lo controla y, claro, por el camino se ha perdido una espontaneidad que era básica para que las chicas *it* brillaran con luz propia.

Si hay que elegir a una abeja reina del panal *it* esta sería, sin duda alguna, **Olivia Palermo**. Es curioso como una chica con unos orígenes sociales que están más que en entredicho entre la alta sociedad neoyorquina ha conseguido pasar por una relevante *socialite*. Lo cierto es que Palermo se hizo popular gracias a un *reality* televisivo llamado *The City* y producido por la MTV, nada que ver con la alta alcurnia. En este *reality*, además, mientras trabajaba en el departamento de relaciones públicas de la firma de Diane Von Fürstenberg, se mostraba como la más mala y maquiavélica de todas las participantes en el programa que luchaban por hacerse un hueco en el negocio de la moda de la Gran Manzana, algo que ella siempre se ha apresurado a desmentir, afirmando que solo se trataba de un guión.

Fuera o no verdad, cuando el *reality* acabó, Palermo comenzó a despuntar por sí sola vistiendo con estilo propio con la inestimable ayuda de algún que otro estilista avispado. Muy pronto aprendió a mostrar su cara más amable, su sonrisa perfecta, apta para todos los públicos, y así fue como nació la *it girl* que fue contratada por la agencia Wilhelmina en 2009, sin perder un instante. Un año más tarde, tras una multitud de apariciones en los más diversos medios impresos y online, realizó sus primeras campañas publicitarias para Mango y Hogan. Pasado otro año, puso en marcha su web, escrita por dos personas que se dedican a recopilar todo lo que la incansable Palermo hace y a publicar informaciones que tienen que ver con su estilo de vida. En 2012 llegó su reconocimiento, pues el *New York Post*, en su sección Page Six, la nombró oficialmente la neoyorquina mejor vestida del momento. Desde entonces, su fama no conoce fronteras y su presencia es solicitada en los cinco continentes. Palermo es la gran *it girl* global y, a pesar de su reciente matrimonio con el novio perfecto, no parece tener intención de relajar su agenda. Sabe venderse mejor que ninguna y su estilo al vestir ha ido ganando en sofisticación, y enfrentándola cada dos por tres con PETA por su constante uso de pieles de animales. ¿Hasta cuándo durará su affaire con la moda? Probablemente hasta que ella quiera.

La popularidad de Olivia Palermo a pequeña escala surgió de un *reality* producido por la MTV llamado *The City*. Cuando terminó comenzó su andadura como *it girl* hasta convertirse en la más solicitada y cotizada en la actualidad.

La británica Alexa Chung comenzó como modelo y presentadora de televisión y ahora es simplemente una de las *it girls* más solicitadas del panorama actual.

Según sus propias palabras, está más que dispuesta a perdurar y no va a permitir que el tiempo corra en su contra.

"IT GIRLS" MÁS INCORRECTAS

Reivindicando el espíritu *rebel* británico, hay dos *it girls* que plantan cara al perfecto esplendor de Olivia Palermo. Por una parte, **Alexa Chung** fue fichada con solo dieciséis años por la agencia Storm en una de las carpas del Festival de Reading. Tras trabajar en revistas para adolescentes, protagonizar spots de televisión y aparecer en vídeos musicales, Chung fue pasando de una agencia de modelos a otra consiguiendo trabajos cada vez más importantes. DKNY Jeans, Lacoste, Superga y Pepe Jeans la convirtieron en un rostro popular en el mundo de la moda a través de sus campañas, y Channel 4 la contrató como presentadora de *Popworld*, un programa lleno de irreverentes entrevistas que la hizo famosa en el Reino Unido. A continuación, numerosos programas de los cuales no quiere ni acordarse la transformaron en una *it girl* catódica que no tuvo excesivo éxito televisivo. Quizás por ello, en 2009, Chung aceptó la propuesta de la MTV americana para trasladarse a Nueva York y presentar *It's On With Alexa Chung*, un show diario en directo con entrevistas y actuaciones que no llegó a durar ni medio año. Mala suerte. Su carrera televisiva se estancó, pero ¡qué más da! Es musa de diseñadores como Karl Lagerfeld o de firmas como

Mulberry y Longchamp, sus contratos para campañas son millonarios, sus portadas en *Vogue* se multiplican y su estilo personal al vestir, con un punto infantil y rockero al mismo tiempo, es objeto de estudio por parte de todos los medios de la moda. Si a todo esto le añadimos su comentadísima relación con Alex Turner, líder de los Arctic Monkeys, y sus numerosos affaires con otros músicos o actores que no han sido confirmados, ya tenemos el perfil característico de la *it girl* que, cada temporada, se hace más y más poderosa, y hasta llega a convertirse en la primera que ha publicado un libro dedicado... a ella misma. En este caso se titula *It* y en él Chung escribe y dibuja sobre todo aquello que le inspira a ser como es. ¿A quién le interesa esto? Pues parece ser que a bastantes *fashionistas*.

Cara Delevingne es capaz de mostrar su cara más dulce y femenina cuando trabaja de modelo, pero en su vida privada le gustan las fiestas más locas.

Cara Delevingne es la segunda *it girl* rebelde (¿con o sin causa?) que proviene del Reino Unido. Su aparición suele compararse con la de Kate Moss en los años noventa, aunque su estilo personal es muy diferente. Mientras ante la cámara o sobre la pasarela Delevingne es capaz de mostrarse ultrafemenina, por la calle, tanto de día como de noche, es muy masculina y se viste con looks deportivos más propios de un chico que de una chica. Teniendo en cuenta esto, es importante destacar que Delevingne no acostumbra a esconderse cuando llega el momento de aclarar sus inclinaciones sexuales.

A la izda., Poppy Delevingne, la hermana afable y comedida de Cara, experta en vestirse sexy sin necesidad de resultar vulgar. A la dcha., la actriz Sienna Miller, *it girl* clave para entender el proceso de este fenómeno en el siglo XXI.

Como es lógico, esta ambigüedad y su carácter de *party animal* le hacen ser mucho más interesante que cualquier otra modelo de su generación. Su capacidad para generar portadas y titulares es increíble, y su velocidad a la hora de moverse entre Europa y Estados Unidos es sorprendente. Tan solo unos cuantos altercados durante alguna que otra noche londinense en la que se la ha ido de las manos su afición por el alcohol y demás sustancias han enturbiado sus orígenes de buena familia y su imagen como la top model con mayor proyección de la década actual. ¿Conseguirá calmar un poco los ánimos y seguir los pasos hacia la estabilidad personal de su también conocida hermana? Dudo bastante de que ello suceda.

Poppy Delevingne es otra de las *it girls* más solicitadas del panorama internacional, pero su actitud ante la vida es muy distinta de la de Cara. Ella es el prototipo de chica formal propensa a mostrar siempre que puede su lado más sexy vistiendo de un modo muy *trendy*. Con Poppy no hay noches salvajes ni escapadas junto a controvertidas estrellas del pop en yates por la Costa Azul, todo eso es cosa de Cara y de la legión de paparazzi que la sigue. La mayor de las Delevingne prefiere tomarse la vida con mucha más calma, se ha casado recientemente y su trabajo de modelo le permite disfrutar de un sosiego que su hermana, en pocas palabras, odia. Las hermanas Delevingne son las dos caras de una misma moneda, pero eso sí, se llevan de maravilla aunque algunos rumores apuntaban a que existían ciertos celos profesionales entre ellas. Si así ha sido, ¿no se podría considerar lo más normal del mundo?

También desde Londres y a mitad de la década pasada nos llegó una actriz que inmediatamente se convirtió en una poderosa *it girl* que casi le llegó a hacer sombra a la propia Kate Moss. Casi. Su nombre, **Sienna Miller**. Convertida en pareja del actor Jude Law tanto dentro como fuera de la gran pantalla, Miller adquirió como chica *it* una fama descomunal que superó sus expectativas como actriz (y sigue superándolas hoy en día muy a su pesar). Su estilo de reminiscencias bohemias y rockeras dio lugar en su momento a una tendencia que, literalmente, arrasó en las tiendas de todo el mundo. Miller y Moss formaron un dúo imbatible a lo largo de unos años en los que, por ejemplo, las blogueras todavía no habían hecho acto de presencia. Engañada con una niñera por Law, Miller pasó por sus horas más bajas debido a una infidelidad que se convirtió en tema de discusión constante en el Reino Unido. Tras superar el trance, Miller buscó apoyo en su hermana, con la que lanzó una firma, Twenty8Twelve, de la que ya se ha desvinculado totalmente. Hoy, a los treinta y dos años, Sienna Miller forma una nueva pareja *it* con el también actor Tom Sturridge y conserva gran parte de su atractivo como referente para el estilo boho chic.

NEW YORK, NEW YORK

Cruzando el charco y aterrizando de nuevo en Nueva York, nos encontramos con tres *it girls* de muy diferente origen y estilo. **Vanessa Traina** es hija de la escritora de best sellers Danielle Steel y ha trabajado desde muy joven como modelo y estilista. Considerada por

Vanessa Traina es siempre sinónimo de estilo *dark*, basado en el uso de prendas minimalistas de colores como el negro y en lucir una tez muy, muy blanca.

Vogue en Estados Unidos una de las integrantes de la alta sociedad de Manhattan más elegantes e interesantes, Traina destaca por su belleza lánguida y por su estilo dark y minimal al vestir. Jamás apuesta por los estampados y solo se viste de tonos neutros y, cómo no, de negro. Esta radical decisión cromática la ha convertido en musa e íntima amiga de jóvenes diseñadores que ahora despuntan en Europa, como Alexander Wang.

Gracias a su carácter introvertido Traina fue escogida para ser la imagen de la firma Maje, lanzadora de una de las propuestas conceptuales más exitosas del momento, dirigida a un tipo de mujer que no se viste para llamar la atención, sino todo lo contrario. Heredera del estilo intelectual de las *it girls* cultas y misteriosas que cité en el capítulo 5, Vanessa Traina ejerce una hipnótica fascinación sobre todos aquellos que aman el minimalismo como forma de expresión en la moda.

Frente a Traina, otra *socialite* aspira al título de *it girl* predilecta de la actual alta sociedad de Nueva York, **Lauren Santo Domingo**. Considerada una de las cien neoyorquinas más influyentes por el *New York Observer*, Santo Domingo debe su apellido latino a su feliz matrimonio con el hijo más joven del magnate colombiano Julio Mario Santo Domingo.

Relacionada con la moda gracias a su trabajo de asistente en la revista *Vogue* y por ser fundadora de Moda Operandi, una página web que permite comprar las prendas vistas en las pasarelas antes de que lleguen a las tiendas, Santo Domingo es ahora una empresaria solicitada como colaboradora por medios tan importantes como *The Wall Street Journal* o *Bloomberg Television*.

Desde muy joven, su gran belleza y su exquisito gusto al vestir siempre la han situado en la lista de las más elegantes elaborada por la revista *Vanity Fair*. Frente a la cámara de Annie Leibovitz o Mario Testino se ha convertido en musa oficial de firmas como Proenza Schouler, Nina Ricci o, últimamente, la española DELPOZO. Santo Domingo es la heredera directa de Gloria Vanderbilt o de C. Z. Guest, es la *it girl* sofisticada que siempre acierta al escoger el look más adecuado para evento al que acude.

Por último, de los ambientes más underground de la Gran Manzana llegó, en 2004, **Leigh Lezark**. Conocida primero como integrante del grupo de

Lauren Santo Domingo es la clásica *socialite* neoyorquina, capaz de brillar por igual en los cocteles más sofisticados y en las fiestas más underground.

La neoyorquina Leigh Lezark comenzó a hacerse popular gracias a una fiesta semanal en el SoHo Club que organizaba junto a sus compañeros de cabina The Misshapes.

DJ The Misshapes, responsables de uno de los clubs semanales más divertidos de Nueva York a lo largo de la pasada década, Lezark comenzó a despuntar como *it girl* gracias a su estilo gótico y malcarado. Vestida siempre de negro por diseñadores emergentes y pinchando música de los años ochenta, la joven se fue haciendo popular entre aquellos que manejaban los hilos de la moda, que vieron en ella y en sus compañeros de cabina uno de los primeros ejemplos de *fashion* DJ de la historia más reciente. Convertidos en celebrities por las revistas y los blogs, The Misshapes tuvieron que renunciar a seguir organizando su abarrotada fiesta en el SoHo Club (no sin antes publicar un libro antológico con fotos de todas las *celebrities* que por allí pasaron) para dedicarse a poner banda sonora a todo tipo de eventos de moda y desfiles por todo el mundo. De este modo, Lezark se transformó en una chica *it* adorada por grandes creadores como Karl Lagerfeld, que no dudó en ficharla como joven musa para la firma Chanel. Cada vez más distanciada de las cabinas de DJ, Leigh Lezark se deja querer por un ámbito que sigue viendo en ella a una *it girl* provocadora con una actitud especial que la diferencia del resto, una actitud desafiante que, finalmente, contrasta con su auténtico carácter afable. Doy fe de ello.

Un poco más allá de Nueva York, aterrizamos en Los Ángeles para elegir, entre la infinidad de *celebrities* que pueblan Hollywood, a una *it girl* californiana que destaca entre todas ellas: **Kate Bosworth**. Parece que una trayectoria cinematográfica poco afortunada ha propiciado que Bosworth se decante por erigirse en referente de sofisticación con su personal manera de vestirse. En este sentido, los links que la relacionan con la moda son cada vez más numerosos y su elegancia innata no hace más que ayudarla

La californiana Kate Bosworth es, con diferencia, la actriz de Hollywood que mejor ha sabido aprovechar el fenómeno de las *it girls* en los medios de comunicación.

a brillar en un entorno en el que, todo hay que decirlo, el mal gusto campa a sus anchas. En Hollywood las estrellas no son nadie sin su estilista personal, pero Bosworth parece haber aprendido bien la lección del suyo y se ha desmarcado de las actrices de su generación con su estilo aniñado con toques hippies. Conectada con diseñadoras europeas de gran personalidad como Vanessa Bruno o Stella McCartney, Bosworth tal vez no trabajare mucho en el cine, pero en las revistas de moda arrasa con su inmaculada belleza y su elegante delgadez.

DE PROFESIÓN, BLOGUERA DE ÉXITO

Además de las modelos, actrices y *socialites*, en los últimos años ha aparecido un nuevo tipo de chicas que también son capaces de convertirse en *it girls* y triunfar del modo más apabullante. Se trata de las blogueras, y representan el irreversible progreso de un fenómeno que necesitaba nuevas caras con nuevos perfiles para renovarse. Entre ellas la competencia es despiadada y su actitud hiperactiva respecto a la moda les ha permitido convertirse en personajes con el don de la ubicuidad. De entre toda la avalancha de blogueras voy a destacar dos de muy diferente estilo. Por una parte está **Hanneli Mustaparta**, de origen noruego. Modelo de Calvin Klein, bloguera exitosa, fotógrafa de *street styles* y estilista para firmas de moda, no parece haber nada que se le resista a Mustaparta, una joven afincada en Nueva York que se ha convertido en uno de los rostros más populares del fenómeno bloguero asociado al de las *it girl* a escala mundial. Su falta de prejuicios a la hora de mezclar prendas de muy diferente estilo para looks que ella misma, como buena egobloguera, luce frente a la cámara para su blog es la clave que la ha lanzado a la fama y la ha colocado en el punto de mira de las firmas de moda que desean contratarla para que sea su imagen.

Por otra parte, en la blogosfera hay que destacar la figura de **Chiara Ferragni**. De origen italiano, a través de su blog *The Blonde Salad* y de sus diferentes cuentas en las redes sociales (en especial, en Instagram) ha conseguido que miles y miles de chicas sigan de cerca su propia visión de la moda. En los últimos tiempos sus seguidores han aumentado a razón de cuatro o cinco mil por día y ya se acercan a los tres millones; este éxito ha permitido a Ferragni poner a la venta su propia colección de calzado y, al instante, convertirse en millonaria gracias a los 5 millones de dólares que le ha

A la izda., la bloguera noruega instalada en Nueva York Hanneli Mustaparta, perfecto de ejemplo de *it girl* surgida del ámbito online. A la dcha., la italiana Chiara Ferragni, experta en convertir en oro todo lo que toca.

reportado ya (¡sin haberse puesto a la venta todavía en Estados Unidos!). El poder bloguero de Ferragni es enorme si lo comparamos con el de otras chicas dedicadas a los mismos menesteres que pueden aparecer muy a menudo en las revistas y webs, pero no han desarrollado un negocio tan fructífero como el de la italiana. ¿Cuál será su siguiente paso? Probablemente lanzar una colección de ropa o introducirse en el ámbito de la belleza. Cualquier proyecto que se le presente funcionará porque todo lo que toca lo convierte en oro.

Desde el interior de la moda, como *fashion insider*, y abanderando un grupo de chicas de origen ruso que han llegado para romper

Desde Rusia con amor, y con mucho estilo. Así es como ha aterrizado la editora de moda Miroslava Duma en el actual *fashion system* para convertirse en una de las chicas más fotografiadas durante las *fashion weeks*.

con lo que habitualmente se opina del criterio que los soviéticos tienen respecto al vestir, **Miroslava Duma** es la *it girl* que vino del Este para convertirse en una de las chicas preferidas por los *street photographers* que merodean alrededor de los desfiles en las capitales de la moda.

Duma, que ya ha cumplido la treintena y es hija de un conocido político ruso, fue editora de moda del *Harper's Bazaar* en Rusia durante un par de años hasta que decidió independizarse como redactora para escribir a través de su propia web y darse a conocer en todo el mundo. Su pequeña estatura jamás ha sido un obstáculo para atreverse a vestir todo tipo de tendencias, no en vano se considera a sí misma un lienzo en blanco en el que experimenta de un modo poco habitual en la moda actual. Los altos tacones y las plataformas son imprescindibles en sus looks, así como los accesorios más vanguardistas. Sin embargo, para que todo esto destaque como debe hacerlo, jamás se peina o se maquilla en exceso. De este modo, Duma siempre consigue que su vestuario sea el verdadero protagonista de una especie de *performance* que siempre se propaga por las redes sociales a gran velocidad, tal es la expectación que generan los estilismos con que acude a los desfiles de moda más importantes.

UN PUNTO Y FINAL MUY HIGH LEVEL

Por último, para terminar este epílogo con una adecuada selección de *it girls* 2.0 debo acudir de nuevo al Principado de Mónaco para afirmar que Carlota Casiraghi, hija de Carolina, puede ser muy guapa, pero no es una *it girl*; que Tatiana Santo Domingo, esposa de Andrea Casiraghi, puede ser muy rica y bohemia, pero tampoco es una *it girl*. Solo una de las chicas relacionadas con la familia real monegasca en la actualidad es una auténtica chica *it*, y esta es **Beatrice Borromeo**. Lo primero que hay que advertir es que a Borromeo el buen gusto y la elegancia le vienen de familia, no de haberse convertido en la novia de Pierre Casiraghi. Su abuela es la condesa Marta Marzotto, una reputada aristócrata que ha trabajado muchísimo de estilista y que ha sido propietaria de los grandes almacenes italianos La Rinascente, así como de firmas como Valentino. Borromeo no es solo una chica más que se ha dejado llevar por la *dolce vita* que su familia le podía proporcionar; ella estudió periodismo y desde que se graduó colabora con medios como *Newsweek*

La italiana Beatrice Borromeo proviene de una familia aristocrática muy relacionada con el mundo de la moda, aunque ella se dedica al periodismo político.

o *Il Fatto Quotidiano*. Para dichos medios y para el canal de televisión RAI ha realizado hasta el momento numerosas entrevistas a personajes del mundo de la política y la cultura. Así pues, tras la cándida imagen de Beatrice Borromeo se esconde una incisiva periodista que tal vez termine casándose con el más joven de los hijos de Carolina de Mónaco. Y cuando lo haga, seguirá luciendo ese estilo aristocrático pero divertido que la caracteriza y que le hace atraer todas las miradas cada vez que aparece en público.

Más o menos monitorizadas, las *it girls* 2.0 tienen elementos en común con aquellas que formaron parte de la historia de la moda, pero poseen otros atributos que pertenecen solo al siglo XXI. Con ellas, el fenómeno de las chicas con "eso" que tanto fascina se perpetúa. ¿Hasta cuándo? Esperemos que hasta el infinito.

Índice de nombres